SOUVENIRS

1785-1870

IV

CALMANN LÉVY, ÉDITEUR

ŒUVRES DU FEU DUC DE BROGLIE

Le libre échange et l'impot.....................	1 vol.
Vues sur le gouvernement de la France.........	1 —

ŒUVRES DU DUC DE BROGLIE

Format in-8

Question de religion et d'histoire.................	2 vol.
Le secret du roi, correspondance secrète de Louis XV avec ses agents diplomatiques.....................	2 —
Frédéric II et Marie-Thérèse.....................	2 —
Frédéric II et Louis XV..........................	2 —

Format in-18

La diplomatie et le droit nouveau...............	1 vol.
Question de religion et d'histoire.................	1 —
Le secret du roi.................................	2 —

BOURLOTON. — Imprimeries réunies, B, rue Mignon, 2.

SOUVENIRS

— 1785-1870 —

DU FEU DUC DE BROGLIE
DE L'ACADÉMIE FRANÇAISE

IV

> Ecce enim breves anni transeunt
> et semitam per quam non revertar ambulo.
> Job, XVI, 23.

PARIS

CALMANN LÉVY, ÉDITEUR

ANCIENNE MAISON MICHEL LÉVY FRÈRES

3, RUE AUBER, 3

1886

Droits de reproduction et de traduction réservés.

AVANT-PROPOS DE L'ÉDITEUR

Ce volume, qui termine les *Souvenirs* laissés par mon père, s'arrête, comme j'ai déjà eu l'occasion de le dire, au moment précis où, par suite de la mort de l'illustre Casimir Perier, un ministère allait être formé, dans lequel le narrateur lui-même était appelé à jouer un rôle principal. La mort ne lui a pas permis de pousser plus loin son récit.

Il me semble qu'il eût prévu lui-même, et non sans quelque regret, qu'il ne lui serait pas donné de mettre la dernière main au tableau fidèle et sincère qu'il se proposait de tracer de sa vie publique. Je trouve en effet dans ses papiers une note, elle-même inachevée, qui porte la date de la dernière année de sa vie, et où en exposant l'état des divers travaux qui occupaient sa vieillesse, il s'arrête, avec une certaine complaisance, sur ces *Souvenirs biographiques*, pour expliquer les motifs qui l'ont porté à les recueillir, et le prix qu'il aurait mis à pouvoir les compléter. Voici quelques fragments de cette note dont on appréciera la gravité touchante :

Un octogénaire plantait. J'achève aujourd'hui (octobre 1868) ma quatre-vingt-deuxième année. Bien que l'âge et les infirmités m'aient épargné jusqu'ici, et que rien encore, en apparence, ne m'assigne une fin prochaine, j'y marche à pas pressés; si je ne le sens pas, je le sais. Je ne puis espérer désormais de mener à fin les travaux divers que j'ai successivement poursuivis pendant le dernier tiers de ma vie; mais, sans y renoncer tout à fait, j'estime plus sensé et plus à propos de les soumettre, dans leur état actuel à une revision sévère, afin de marquer, d'un trait ferme et définitif, ce que j'y tiens pour certain, dans la mesure où je l'affirme, et d'indiquer les divers points où je crois entrevoir quelque lumière nouvelle....

C'est en 1857, qu'à soixante-dix ans et plus, j'ai donné suite au dessein formé dès longtemps, mais jusque-là toujours différé, de recueillir ces *memorabilia*, de les mettre en ordre dans un intérêt tout personnel, plutôt à titre d'examen de conscience que d'apologie. Le peu que j'ai fait n'en a pas besoin, et nullement, d'ailleurs, comme un amusement de vieillard détrompé et désœuvré. Grâce à Dieu, je n'en suis pas là, et mon temps ne me pèse point; je tiens la vie pour bonne, et, tant qu'elle ne me fera pas défaut, je tâcherai de lui faire honneur en demeurant homme jusqu'au bout et prenant au sérieux tout emploi des forces et de l'activité qu'elle me laisse.

A ce compte, ni les circonstances de ma carrière publique, ni même quelques incidents de mon existence domestique ne me semblent tout à fait indifférents. Ce que j'ai vu de mes yeux, ce à quoi j'ai travaillé de mes efforts, les sentiments enfin qu'ont fait naître en moi le spectacle des choses et le commerce des hommes peuvent intéresser à cer tain degré mes proches, mes amis, et, que sait-on? peut-être d'autres encore. « Tout sert en ménage, » dit le proverbe, l'histoire est une petite sœur des pauvres qui ne laisse rien traîner, et qui tire parti des moindres reliques.

J'ai conduit, de proche en proche, assez loin, mon narré tel quel, après avoir rappelé, en très peu de mots, l'époque et le lieu de ma naissance, la position de ma famille, l'éducation que j'ai reçue de mes parents, de mes maîtres, et des événements qui sont nos maîtres. J'ai sommairement expliqué quand, comment et pourquoi je suis entré de bonne heure et *de minimis* dans les conseils du grand empire;

Comment s'y traitaient les affaires petites et grandes, et s'y comportaient les personnages grands et petits (il y en avait là de toute taille et de toute origine);

Comment préposé, de victoire en victoire, à l'administration de provinces, tour à tour conquises, et perdues aux quatre coins de l'Europe, je m'étais efforcé, dans mon humble sphère, de ménager les vaincus en faisant entendre raison aux vainqueurs;

Comment, plus tard, de défaite en défaite, je m'étais, tout à coup, dans mon propre pays, trouvé, par le hasard de mon nom, au premier rang d'un nouvel ordre de choses;

Comment j'avais lutté, pendant quatorze ans, dans cette situation nouvelle, soit comme l'un des chefs d'une opposition modérée, soit comme auxiliaire de ministres éclairés, pour fonder, de concert avec eux, un gouvernement libre et régulier;

Comment enfin engagé, à mon grand regret, dans une révolution que je n'avais point appelée de mes vœux, je n'avais pas échappé à la chanceuse obligation de devenir l'un de ses serviteurs, pour un temps très court, il est vrai, et au très petit pied, mais exposé à en subir bientôt, de nouveau, le péril et le fardeau.

J'en suis là, quant à présent; mais le plus fort, c'est-à-dire le plus important pour moi, reste à faire. Il me reste à rendre compte de ma seconde campagne politique, en qualité cette fois de ministre des affaires étrangères (1832-1833) et des motifs de ma seconde retraite; il me reste à rendre compte de ma troisième et dernière campagne, en qualité non seulement de ministre des affaires étrangères, mais de président du conseil, comme qui dirait de premier ministre (1834-1835-1836), et des motifs de ma troisième retraite.

Il me reste enfin à rendre compte des raisons qui m'ont déterminé, à cette époque, n'ayant guère plus de cinquante ans, c'est-à-dire à la maturité de l'âge, à prendre volontairement et définitivement congé de toute carrière d'ambition, et à chercher désormais dans une vie d'étude et d'activité purement intellectuelle des préoccupations plus conformes à mon esprit et à mon caractère. Cette résolution, à laquelle je suis invariablement resté fidèle n'ayant pas obtenu, en son temps, l'approbation de ma famille, de mes amis, et, si j'ose m'exprimer ainsi, de mes compagnons d'armes dans les vicissitudes de la vie publique; plusieurs même m'ayant fait l'honneur de croire et de dire que, si j'étais rentré dans les affaires lorsque l'occasion s'en est offerte, et certes l'occasion ne m'a pas manqué, elles n'en auraient pas été plus mal aux derniers jours du dernier gouvernement; je tiendrais à bien m'expliquer sur ce point: ce que j'ai à dire pourrait servir à d'autres dans les mêmes circonstances....

C'est cette seconde partie de ses mémoires à laquelle mon père n'a même pas eu le temps de mettre la main.

SOUVENIRS

LIVRE VII

SEPTIÈME ÉPOQUE

(SUITE)

II

RÉVOLUTION DE JUILLET.

RÉFLEXIONS

Je viens de suivre pas à pas, de mois en mois, souvent de jour en jour, quelquefois d'heure en heure, la série des événements qui, prenant date à ce ministère du 8 août 1829, auquel M. de Polignac a tristement laissé son nom, s'arrête à ce ministère du 11 août 1830, qui clôt la révolution dite de Juillet, et commence le gouvernement né de cette révolution.

J'ai raconté ce que j'ai vu de mes yeux, entendu de mes oreilles; j'ai dit le peu que j'ai fait, et, qu'il me soit permis d'ajouter, le peu que j'ai vu faire. J'ai comblé les lacunes de mon récit en empruntant à d'autres récits, publiés par d'autres témoins oculaires, les incidents qui m'ont échappé, en choisissant les plus avérés et les copiant presque mot pour mot.

Je pourrais m'en tenir là.

Mais c'est pour un homme, quel qu'il soit, chose trop considérable, d'avoir concouru, pour si peu que ce soit, au renversement d'un trône, à l'avènement d'une maison régnante, ne dût-elle régner que peu d'années, à l'ouverture d'une ère nouvelle en histoire, ne dût-elle y compter qu'en passant, c'est, dis-je, chose trop considérable pour que cet homme ne se demande pas sans cesse jusqu'à son dernier jour si l'acte auquel il a concouru était légitime, et s'il a bien ou mal fait de lui prêter son concours.

Quelques mots donc ici tant sur le caractère général de notre avant-dernière révolution que sur ma position personnelle à cette époque.

Je commence par moi-même.

Je ne suis ni légitimiste ni démocrate au sens qu'on attribue de nos jours à ces deux dénominations. Je n'estime pas qu'il y ait, en politique, des dogmes, c'est-à-dire des principes supérieurs à la raison et à l'intérêt social. Ce que j'ai dit tout haut, publiquement, à la tribune, j'ai le droit de le redire dans le silence du cabinet.

Je ne crois pas au droit divin.

Je ne crois pas qu'une nation appartienne à une famille, qu'elle lui appartienne corps et biens, âme et conscience, comme un troupeau pour en user et en abuser, de telle sorte que, quoi que fasse cette famille, à quelque extrémité qu'elle se porte, de quelque énormité qu'elle se rende coupable, le droit de régner lui demeure.

Mais je ne crois pas davantage à la souveraineté du peuple.

Je ne crois pas qu'un peuple ait le droit de changer son gouvernement quand il lui plaît, comme il lui plaît, uniquement parce que cela lui plaît. Je ne reconnais pas à la majorité plus un d'une nation le droit de se passer ses fantaisies en fait de gouvernement ; je ne reconnaîtrais pas ce droit à l'unanimité d'une nation, parce que je ne le reconnais à aucun homme en particulier, parce que les hommes ont été placés sur cette terre par le Créateur, non pour se passer leurs fantaisies, mais pour obéir aux lois éternelles de la justice et de la vérité, pour se conduire en êtres moraux et raisonnables, pour tenir leurs engagements quand ils en ont pris, pour garder leurs serments quand ils en ont prêté. Les engagements des peuples envers les gouvernements ne sont pas moins sacrés pour moi que ceux des gouvernements envers les peuples, et le régime du bon plaisir ne me paraît ni moins insolent ni moins abject sur la place publique que dans le palais des rois.

Ces sentiments ont toujours été les miens, et toujours, comme on l'a pu voir, durant le cours de ma vie publique, je les ai pris pour règle de ma conduite.

J'étais trop jeune en 1792 pour déplorer, à bon escient, la chute de la monarchie et l'avènement de l'anarchie. En 1814, parvenu à l'âge de discrétion, je n'ai point appelé de mes vœux le retour de la maison de Bourbon : quelque juste aversion que m'inspirât le régime impérial, l'invasion de la France m'était encore plus odieuse; mais cette invasion, je ne l'imputais point à d'autres que son auteur véritable, et je n'en rendais point responsables des princes dont l'intervention s'est trouvée, après tout, utile au pays. A plus forte raison, n'ai-je point trempé dans le crime des Cent-Jours, et j'ai détesté la seconde invasion plus encore, s'il se peut, que la première. La maison de Bourbon se trouvant enfin rétablie, Dieu sait sous quels auspices et à quel prix, ma conduite, envers elle, a toujours été loyale, j'en suis sûr, et sensée, je l'espère, également éloignée de l'optimisme des royalistes de profession, et du pessimisme de leurs adversaires. J'ai compté, tour à tour, et même à plusieurs reprises, soit dans les rangs de l'opposition, soit dans ceux du ministère; en opposition, je n'ai rien demandé qui ne me semblât bon en soi, et possible au moment donné; ministériel, je n'ai rien demandé pour moi-même, ni rien reçu à titre de faveur. Jusqu'en 1828, j'étais le seul de la Chambre des pairs sur qui la croix de la Légion d'honneur ne fût pas même tombée des nues, c'est-à-dire dans une promotion générale et pêle-mêle. Je me suis toujours tenu à distance et hors de portée de la cour, n'ayant nul goût pour cette saveur d'ancien régime dont la Restauration se trouvait nécessairement assaisonnée, et moins encore pour ces appétits de représailles dont toute émigration a peine à se défendre. Je ne me suis pas tenu à moindre distance, malgré mes liaisons politiques et domestiques, de tous les complots républicains ou bonapartistes, n'étant ni l'un ni l'autre de cœur ni d'opinion. Duc et pair par droit de naissance, c'était le langage de ce temps-là, ni Louis XVIII, ni Charles X, ni le dauphin, ni la dauphine ne connaissaient mon visage, et ne m'ont jamais adressé la parole. Je n'ai jamais été présenté à madame la duchesse de Berry, je n'ai vu le duc de Bordeaux qu'exilé en 1840, et contemplant comme moi dans l'église de Saint-Pierre le monument élevé au dernier des Stuarts.

Nul n'était donc plus libre que moi de tout engagement aux approches de la révolution de Juillet, et, pour rendre ma confession complète, j'ajouterai qu'en suivant de l'œil le cours précipité des événements, je ne me livrais pas aussi volontiers que bien d'autres à la perspective qui semblait s'ouvrir. La nécessité de traverser un état de transition révolutionnaire, et l'incertitude du résultat définitif m'inspiraient plus de répugnance et d'anxiété que n'avait, pour moi, d'attrait l'espérance d'un état meilleur. Charles Ier écrivait, dit-on, à la reine Marie Henriette qu'il ne lui avait jamais été infidèle même en pensée; autant en aurais-je pu dire aux Bourbons de la branche aînée, mais sous condition, bien entendu, qu'entre nous la fidélité serait réciproque.

Jusqu'à quel point mes sentiments étaient-ils ceux de la France, et j'entends par là le gros du pays, la large et saine majorité de toutes les classes qui font nombre?

C'est une question qui pourrait recevoir sans doute des réponses très diverses selon le temps, les lieux ou les personnes; mais ce qui est sûr, c'est qu'en 1830, durant tout le cours d'une crise très longue et très vive, la France s'est comportée en nation honnête et sensée, qu'elle n'a rien fait que d'irréprochable, qu'elle a tout fait, au contraire, pour laisser peser éventuellement tous les torts sur le roi Charles X et sur ses conseillers occultes ou patents, officiels ou officieux, pour ne pas leur offrir la moindre excuse, pas même l'ombre d'un prétexte.

On a dit du coup d'État que c'était un effet sans cause. On pouvait, on devait remonter plus haut. Le véritable effet sans cause, a été le ministère du 8 août.

M. de Villèle était tombé, sinon sous les coups, du moins sous l'abandon d'une Chambre qu'il avait, en son bon temps, pétrie de ses propres mains et toute peuplée de ses amis. Les élections de 1827 avaient été animées, sans doute, mais paisibles et régulières. Il en était sorti une Chambre de très bon aloi, composée presque entièrement de bons royalistes, et de cette Chambre un ministère à l'avenant, ministère très bon lui-même, et qui sans doute aurait fourni une assez longue carrière, si nous avions eu un peu patience et le roi un grain de bon sens. Mais, en manquant de patience, nous n'avions aucune mauvaise intention et ne faisions tort qu'à nous-mêmes, tandis que le roi, en saisissant au vol l'occasion qu'il guettait depuis longtemps de mettre la main sur la Charte, et de refaire un ancien régime à sa guise, se donnait, les yeux ouverts, un tort très grand et très prémédité.

Personne n'ignore, en effet, que ce qu'il a fait en 1830, Charles X avait toujours voulu et espéré le faire, plus tôt ou plus tard, soit comme héritier présomptif, soit comme roi ; ses familiers s'en expliquaient librement entre eux, et les enfants terribles du parti ne se faisaient pas faute d'en parler tout haut.

Le ministère du 8 août fut le premier pas, un pas à ciel ouvert ; les noms des ministres, de plusieurs d'entre eux au moins, parlaient, en effet, plus haut encore. Ce n'était pas qu'en se prêtant ainsi à la lubie de leur maître, ils en fussent infatués comme lui ; la plupart, tous peut-être, comptaient ou se retirer à temps, ou en être quittes à meilleur marché ; trois même, dont l'un des plus compromis, restèrent en chemin, mais les autres devinrent, bon gré mal gré, compères de la sottise et complices du méfait, faute d'avoir eu assez de cœur et assez de tête pour dire non.

Chose digne de remarque, personne ne s'y méprit. La France entière lut le coup d'État sur le front du ministère, en dépit de ses dénégations, de ses protestations, voire même de ses intentions réelles, et, chose plus digne de remarque encore, la France entière, et comme un seul homme, se mit en défense ; la France entière comprit instinctivement que le vrai système de défense, c'était la légalité — la légalité pure, mais rigoureuse et inexorable.

En déclarant nettement au roi qu'un certain accord, un accord loyal et suffisant entre l'esprit et la direction de son gouvernement et les vœux et les sentiments de son peuple était le fondement et la condition de la Charte octroyée par son frère, sous le coup des événements et l'empire des circonstances, la Chambre des députés parlait haut, sans doute, mais disait vrai. Les termes dans lesquels cette déclaration était conçue, avaient été médités et minutés par le plus ancien et le plus avéré des légitimistes, par l'homme qui, sous le régime impérial, avait risqué sa vie durant plusieurs années au service de la légitimité.

C'était, de part et d'autre, à prendre ou à laisser.

En adressant au pays un dernier appel, le roi usait de son droit et restait dans son droit. De même le pays en lui répondant par les élections de 1830; et je dois dire que, dans tout ce que j'en sais, ces élections ont été non seulement régulières mais loyales, sans arrière-pensée, sans intention pessimiste, autant du moins que cela était possible dans une conjoncture où il ne restait que peu d'espérances et où tout le monde s'attendait à tout.

Cela fait, plus de délai, plus de remise, plus d'expédient dilatoire, il ne restait plus au roi qu'à choisir entre avancer ou reculer; à nous qu'à le voir venir.

Notre plan de défense était simple, direct, unanimement convenu sans qu'il eût été besoin de s'entendre.

Refus de tout impôt qui n'aurait pas été régulièrement établi; — emploi de la force, au besoin, mais uniquement contre la force, en faisant appel à la justice; — même conduite envers tout acte notoirement illégal; point de provocation; point de conspiration; point de représailles.

Rien qui pût engager l'avenir.

Comme il avait été donné, le mot d'ordre fut suivi.

A bon entendeur, salut.

En éclatant sur Paris, le coup d'État n'y rencontra ni société secrète, ni comité directeur, ni préparatifs de guerre ostensibles ou occultes; tout au plus quelques députés et quelques pairs habituellement retenus dans la capitale pour leurs affaires, ou devançant de quelques jours l'ouverture de la session, éparpillés d'ailleurs et sans aucun rapport entre eux.

En lançant son interdit sur les journaux et les journalistes, en mettant la main sur leurs établissements, leurs bureaux, leurs presses, leurs cartons, le préfet de police ne trouva sur son chemin que le code pénal invoqué par les propriétaires, et la justice qui leur donna raison et lui donna tort.

En dispersant, à main armée, le soir même, des groupes désarmés qui se bornaient à lire tout bas ou tout haut les fatales ordonnances affichées sur les murs, pour être lues apparemment, la gendarmerie n'eut à soutenir qu'une lutte corps à corps, où quelques coups de poing répondirent aux coups de sabre.

De même durant les trois quarts de la journée du lendemain, la foule inondant les rues, il est vrai, mais toujours inoffensive et désarmée, sans chefs, sans drapeau, sans direction apparente ni cachée.

La guerre n'a commencé que le soir, à l'arrivée des troupes; c'est en résistant alors que la foule a commencé à faire arme de tout ce qui lui tombait sous la main, à forcer les boutiques des armuriers et les postes mal gardés, mais avec si peu d'ensemble et de conduite, qu'à la nuit, le maréchal Marmont écrivait à Saint-Cloud que tout était terminé.

Je ne dirai rien des deux journées de pleine guerre civile ou plutôt civique où l'armée fut vaincue par la foule, toutes ses positions emportées par escalade, la garde royale menée tambour battant jusque vers la Seine; je dis la foule, car il serait impossible de citer un nom propre, de désigner une tête qui se soit élevée d'un pouce au-dessus de toutes les autres. Ce fut une victoire anonyme, mais complète, le drapeau de la résistance ayant remplacé sur les Tuileries celui de l'agression, le petit nombre de députés qui se trouvaient à Paris n'étant intervenus que pour solliciter inutilement du gouvernement agresseur un armistice, et pour nommer une commission municipale uniquement chargée de pourvoir à l'approvisionnement de la capitale et au maintien de l'ordre intérieur, là où faire se pouvait.

A Paris, la révolution était achevée; elle le fut sur-le-champ par toute la France; ce fut comme une série de contre-coup électriques, et partout sous les mêmes conditions de légalité défensive, partout sans chefs, sans direction, sans préparatifs, partout à peu près sans obstacles.

La révolution, dis-je, était achevée; elle l'était, dans les termes stricts du droit. Charles X avait violé son serment, il nous avait relevé du nôtre; il avait attaqué le pays à main armée, il avait été vaincu, il n'avait plus pour lui ni le droit ni la force. Le pays avait pour lui l'un et l'autre et pouvait disposer de lui-même.

Vinrent alors les propositions de Charles X, propositions extorquées de lui, extorquées d'heure en heure par le progrès croissant des événements.

En droit, le pays n'était tenu d'en admettre aucune. En raison, il n'en devait admettre aucune, s'il n'y trouvait bonne foi, réparation, sécurité.

Mais, sur ces trois points, qui serait juge? Le moment pressait; les Chambres étaient encore dispersées. Ce ne pouvait être que le bon sens du pays vainqueur et sous les armes, éclairé par celui de quelques hommes, plus ou moins haut placés, et dont il consentirait à suivre les avis.

Ces hommes-là, ils étaient bien peu nombreux et n'avaient guère d'ascendant, n'ayant rien préparé, rien dirigé, payé en rien de leur personne. Presque tous inclinaient à la conciliation; mais comment, et sur quelle base? Que leur proposait-on de proposer?

Le rappel de Charles X et de sa famille sous les auspices d'un ministère libéral!

Pour combien de temps un tel ministère? Combien de jours, de mois, de semaines avant que le nouveau Martignac fût chassé par un nouveau Polignac?

La régence déférée pour un temps quelconque au duc d'Orléans, en face de Charles X, qui le regarderait faire les bras croisés!

C'eût été vraiment la cour du roi Pétaud à moins qu'il ne se fût trouvé un nouveau La Fayette pour garder à vue ce nouveau Louis XVI, comme au retour de Varennes; l'ancien, le bon La Fayette ne s'en serait pas chargé deux fois.

L'appel au trône d'un enfant de huit ans, apparemment sous la tutelle de son grand-père et sous la garde de sa mère, à moins qu'on n'eût pris le parti héroïque de les séquestrer je ne sais où, et d'élever le petit roi en chartre privée!

Rien de tout cela ne rimait à rien, n'avait l'ombre de bon sens et ne pouvait comporter deux minutes de discussion. On peut, à distance, en penser, en dire, en écrire ce qu'on voudra; mais, dans le moment et sur le terrain, il ne se rencontra pas une voix pour prendre au sérieux l'une ou l'autre de ces satisfactions dérisoires. Le bon sens public ne l'aurait pas souffert, et le bon sens public aurait eu raison; l'affaire était dans sa crise; le feu était au logis, et quiconque se fût avisé d'y jeter de l'huile, dans l'espérance odieuse ou frivole de pousser au pire, de faire, un jour, de l'ordre avec le désordre actuel, selon l'expression d'un homme qui s'y connaissait, aurait très mal passé son temps.

Ce qu'on fit alors, ou plutôt ce qui se fit alors de soi-même, au pas de course, non sans regrets pour quelques-uns, et j'étais de ce nombre, mais sans contradiction de personne, la déposition d'un prince qui ne pouvait rentrer dans Paris, la préférence accordée à la monarchie sur la République, l'appel au trône du plus proche héritier, la réforme de la Charte dans la mesure exacte du besoin, tout cela fut œuvre de sagesse instinctive, spontanée; je n'y fus pour rien, ni personne en vérité plus que tout le monde; mais, comme je ne rencontre dans l'histoire aucun gouvernement dont l'origine soit aussi juste et aussi pure, aussi exempte de fraude et de violence, aussi préservée de réaction et d'exaction, où la raison et la modération aient aussi dignement couronné la plus légitime des résistances, je ne puis regretter, et, au nom de mon pays et de l'humanité, je me félicite, malgré les événements de 1848 et de 1852, d'en avoir été le témoin.

III

MINISTÈRE DU 11 AOUT 1830

Entré aux affaires le 11 août, notre premier ministère s'est retiré le 2 novembre. Il a siégé en tout deux mois et dix jours. Durant ce très peu de temps, il n'a pu faire ni beaucoup de bien, ni beaucoup de mal. Ce n'était, d'ailleurs, ni son lot, ni sa condition d'existence. Amortir les premiers coups d'une réaction inévitable, sauver ce qui restait debout du principe monarchique, gagner du temps en parant au plus pressé, préparer enfin la réaction de la réaction, c'était notre tâche, à peu près notre plan, et tout au plus notre espérance.

J'exposerai fidèlement nos perplexités, nos efforts et nos misères; peut-être trouvera-t-on qu'à tout prendre, nous ne nous en sommes pas trop mal tirés.

Je dis nous, sous toutes réserves, car en nous-mêmes était la première et la moindre des difficultés. Notre barque faisait eau par plus d'un côté, et grand était le tiraillement dans l'équipage. Un cabinet bigarré qui comptait sept ministres réels, effectifs, ayant charge d'âmes, et quatre conseillers bénévoles, siégeant les bras croisés, regardant les coups sans répondre de rien ni disposer de personne, mais ayant (trois sur quatre tout au moins) l'oreille du prince et le vent de la popularité, c'était en quelque sorte un couteau de Janot dont la lame branlait au manche, sans qu'on sût précisément qui était l'un ou l'autre. Nous étions en outre percés à jour; la chambre à coucher de M. Dupont (de l'Eure) était ouverte dès le matin à tous les suppôts de la basoche, et, le soir, le salon où M. Laffitte faisait son éternel piquet l'était à tout le tripot de la Bourse; c'étaient deux clubs où les curieux venaient aux nouvelles pour en faire tel usage que de raison ou de déraison.

Force fut bien pourtant de se mettre à la besogne en commençant, comme de coutume, par distribuer quelques bons morceaux aux appétits les plus haut placés, mais, cette fois, contre la coutume, sans trop exciter le récri.

Le vice-amiral Duperré, l'un des vainqueurs d'Alger (vainqueur un peu toutefois à son corps défendant), fut nommé amiral. Le maréchal Soult, l'un des vaincus de Waterloo, exclu à ce titre de la Chambre des pairs, y fut appelé ; le général Gérard, ministre de la guerre, devint maréchal ; M. Dupin, ministre sans portefeuille, procureur général à la cour de cassation, au lieu et place de M. Mourre démissionnaire, deux nominations où le cabinet se faisait un peu la part du lion. M. de la Fayette reçut le commandement en chef de la garde nationale, énorme mais irrésistible faute que nous faillîmes bientôt payer cher : c'était en faire le comte d'Artois du nouveau régime ; puis, sur une moindre échelle, M. Odilon Barrot fut nommé préfet de Paris ; M. de Schonen, procureur général de la cour des comptes (ils revenaient l'un et l'autre de conduire Charles X à Cherbourg) ; puis enfin, sur mon insistance personnelle, M. Villemain devint vice-président du conseil royal de l'instruction publique.

Le plus difficile à colloquer, ce fut Benjamin Constant. Sa réputation comme publiciste était grande et méritée, comme orateur, médiocre; son caractère était peu considéré. Il ne s'était jamais relevé de son aventure des Cent-Jours; déchu surtout à ses propres yeux, il avait vécu, durant la seconde restauration, dans une société d'opposition qui n'était pas de premier ordre; l'Académie française lui avait obstinément fermé sa porte. Perdu de dettes, épuisé de veilles et de jeu, il n'était guère possible d'en faire un ministre; le duc d'Orléans ne l'avait point appelé à son conseil intime, et, néanmoins, toute position de seconde ligne lui paraissait non sans quelque raison au-dessous de lui. Je fus chargé de lui proposer un siège au conseil d'État qu'il refusa avec hauteur. Je ne me tins pas pour battu. Il entrait dans ma pensée de placer à la tête du conseil d'État le plus important et le plus laborieux de ses comités, le comité du contentieux, en agrandissant beaucoup ses attributions, en le chargeant, sous le nom de comité de législation, de la préparation des lois à intervenir en matière civile et criminelle et de la rédaction définitive de toutes les lois dont le principe aurait été arrêté soit en conseil des ministres, soit simplement en conseil d'État. Je proposai à Benjamin Constant la présidence de ce comité, avec un traitement proportionné à son importance. Il refusa pour la seconde fois; mais, au bout de deux ou trois jours, il se ravisa, et je me hâtai de faire signer au roi sa nomination, de crainte que son orgueil ne prît définitivement le dessus. On a beaucoup parlé dans le temps de quelques arrangements entre lui et le roi par l'entremise de M. Laffitte, sorte de transaction dont Mirabeau avait donné l'exemple lorsqu'il se rapprocha de la cour en 1791; j'ignore si ce bruit a quelque fondement; en tout cas, je n'y fus pour rien et je trouvai dans Benjamin Constant, comme on va le voir, un auxiliaire très peu secourable.

Tout étant ainsi réglé du premier coup et tant bien que mal, ce qui pressait le plus, c'était d'entrer en rapport avec les puissances étrangères, et de ne pas rester, au cœur de l'Europe, comme une aventure à la Masaniello. Le corps diplomatique accrédité près de Charles X était, ainsi que je l'ai indiqué plus haut, resté à Paris, et plutôt bienveillant, mais au pied levé, et sans pouvoirs réguliers. Pour en obtenir il fallait écrire, *propriâ*, c'est-à-dire *regiâ manu*, écrire aux têtes couronnées et leur faire accepter *le bon frère;* et, pour cela, il fallait assaisonner au besoin les lettres de commentaires et d'explications orales; et, pour cela enfin, il fallait bien choisir les messagers qui seraient chargés de ces délicates missions.

Le général Baudrand, devenu le premier aide de camp du jeune duc de Chartres après avoir été son mentor, traversa la Manche; il fut accueilli à bras ouverts par la population. Toute l'Angleterre était dans l'ivresse presque autant que la France. De ville en ville, de bourg en bourg, fourmillaient spontanément et comme à l'envi des meetings joyeux. Des hustings étaient dressés sur toutes les places publiques, on y célébrait à grands hourras les prouesses de nos ouvriers et de nos gamins, on chantait *la Parisienne* sur tous les tons, on la jouait sur tous les instruments; pour peu de chose, on eût dételé le *post-chaise* emprunté par notre représentant à l'hôtel qu'il daigna choisir. Dans une courte excursion que je fis en Angleterre, quelques mois plus tard, sans caractère officiel, et dont je parlerai en son temps, je retrouvai encore en branle tout ce mouvement d'enthousiasme populaire. Il n'aurait guère été possible au gouvernement d'y résister, supposé qu'il y fût enclin; mais, sans le partager, il n'y répugnait pas. Le roi était ami de la France et d'humeur libérale, comme il le prouva bientôt en soutenant énergiquement un plan de réforme qui dépassa de beaucoup les espérances des plus confiants; ses ministres gardaient rancune à Charles X de l'assistance morale que la France avait prêtée à l'empereur Nicolas dans sa guerre contre la Turquie, et à M. de Polignac de sa persistance dans l'expédition d'Alger, malgré l'opposition de l'Angleterre; ils ne voyaient pas sans quelque satisfaction l'intimité entre la France et la Russie s'en aller à vau-l'eau, et n'étaient pas sans espérance d'obtenir de notre nouveau gouvernement l'abandon d'une conquête qui n'était pas son ouvrage. Le général Baudrand fut donc très bien reçu, et, comme il n'avait à enfoncer qu'une porte ouverte, son savoir-faire ne fut pas mis à forte épreuve.

Les trois grandes cours du Nord devaient être plus difficiles à manier. Restées implicitement dans les termes de la Sainte-Alliance, même en face de la Restauration, notre coup de tête ne pouvait guère que resserrer leur intimité. Ce n'est pas qu'elles eussent vu de bon œil les projets de Charles X : tout au contraire, elles ne lui avaient épargné ni les bons conseils, ni les avertissements salutaires; elles ne s'étaient pas fait faute de lui déclarer qu'il ne devait compter, de leur part, sur aucun appui. Mais une fois l'événement accompli, il ne s'ensuivait nullement que la reconnaissance du gouvernement révolutionnaire (il faut bien se servir du mot propre) fût de plein droit et allât toute seule. Outre la répugnance, pour des rois de vieille roche, d'admettre dans leur confrérie un nouveau venu, disons mieux, un parvenu au moins suspect, il y avait la crainte de l'exemple et le danger de la propagande. Il fallait s'attendre tout au moins à ce que la reconnaissance n'eût lieu que de concert entre les trois alliés, et après entente préalable. Jusque-là nous restions sur le qui-vive.

Le général Belliard fut envoyé à Vienne; le comte de Lobau (l'un des membres de la défunte commission municipale), à Berlin; le général Athalin, aide de camp du roi, à Saint-Pétersbourg.

Leurs instructions étaient identiques.

Elles se réduisaient à ce peu de mots : Si l'Europe ne nous suscite pas de difficultés au dehors, nous emploierons tous nos efforts à maintenir en France le régime monarchique, et à réprimer toute propagande. Pourvu qu'on reconnaisse à la France le droit de disposer d'elle-même, elle respectera les traités qui forment désormais la base de l'ordre européen.

Ce langage fut bien accueilli à Berlin, où le caractère et le nom du comte de Lobau étaient bien connus et généralement respectés ; il le fut mieux encore à Vienne. L'Autriche s'engagea, de son côté, à ne permettre sur son territoire aucune intrigue contre le nouveau gouvernement français, tout aussi peu celles qui proviendraient de la famille déchue, dans le cas où cette famille y viendrait chercher un asile, que celles qui auraient pour but le jeune duc de Reichstadt. M. de Metternich alla jusqu'au point de nous honorer de ses bons conseils. « Il y a, dit-il au général Belliard, deux nobles entêtés dont, vous et nous, devons également nous défier, bien qu'ils soient gens d'honneur et nobles gentilshommes, le roi Charles X et le marquis de la Fayette. Vos journées de Juillet ont abattu la folle dictature du vieux roi, il vous faudra bientôt attaquer la royauté de M. de la Fayette; il y faudra d'autres journées, et c'est alors seulement que le prince lieutenant général sera vraiment roi de France. » Cette conversation était de bon augure et l'anecdote est vraie, bien qu'elle ait été rapportée par M. Capefigue.

Mais le nœud de la reconnaissance n'en restait pas moins à Saint-Pétersbourg, puisque, entre les trois alliés, rien ne se pouvait arrêter que de concert, et, de quelque désapprobation que l'empereur Nicolas eût frappé, avant l'événement, l'entreprise de Charles X, l'expulsion de ce prince ne l'atteignait pas moins sur un point sensible. Charles X était son bon ami, son féal; il y perdait précisément ce que l'Angleterre y gagnait, et, de plus, il se sentait blessé dans son amour-propre : ce rôle d'Agamemnon, de roi des rois, de chevalier des grands principes qu'il affectait en Europe, depuis nombre d'années, se trouvait fort ébréché par l'admission d'un intrus dans le sénat des têtes couronnées; aussi avait-il d'avance détourné, autant que possible, cette coupe amère de ses lèvres, et annoncé, avec force rodomontades, qu'il ne reconnaîtrait le duc d'Orléans qu'en qualité de lieutenant général nommé par Charles X, et que rien ne l'obligerait à transiger avec son honneur.

La lettre qui lui devait être adressée exigeait donc, de la part du roi, un mélange de dignité, de réserve et de ménagements difficile à concilier; elle fut rédigée par M. Molé avec beaucoup d'art et de mesure; le cabinet l'adopta intégralement;

on en peut trouver le texte dans les journaux de l'époque et dans les historiens, le secret n'en ayant été gardé, ni par nous ni par le destinataire, et les commentaires ayant légèrement été leur train.

Le temps porte conseil. Cette lettre trouva la disposition de notre autocrate fort amendée. Le général Athalin fut reçu non seulement avec courtoisie mais avec cordialité ; il eut tous les honneurs de règles et de complaisance : fête à la cour, visite aux colonies militaires... « Je comprends, lui dit l'empereur, la situation du roi Louis-Philippe, je comprends la nécessité, le dévouement, le sacrifice ; mais quel dommage qu'il ait licencié cette garde royale si noble et si fidèle ! » Ce n'était pas là le langage qu'avait entendu au premier moment notre chargé d'affaires, M. de Bourgoing. La réponse au roi du Palais-Royal par l'empereur, datée de Czarskoë-Selo le 18 septembre, fut grave, irréprochable sans être affectueuse, le mot de frère y manquait, et notre roi en fut plus piqué que nous.

Le roi de Prusse et son autre allié s'exécutèrent de meilleure grâce ; poignée de main franche et sans coup de patte.

En Italie, point de difficultés; en donnant le bon exemple, l'Autriche maintint le saint-siège en bonne voie; refus néanmoins du duc de Modène, dont nous ne fîmes que rire.

L'Espagne y mit plus de façons : le roi permit à M. de Saint-Priest, ambassadeur de Charles X, de rester à Madrid, à peu près en cette qualité, et de paraître à la cour la cocarde blanche à son chapeau. On ne se faisait pas faute d'annoncer que M. de Bourmont, le vainqueur d'Alger, tout frais échappé de sa conquête, viendrait planter le même drapeau au sommet des Pyrénées, et que madame la duchesse de Berry l'y rejoindrait en personne; peu s'en fallut que le chétif tyran de l'Espagne, le restauré de notre Restauration, n'y compromît sa frêle couronne.

Aux premiers accents de *la Parisienne*, en effet, toutes ses victimes, tous les exilés, tous les réfugiés de son pays, étaient partis à toutes jambes pour la frontière, afin d'y préparer une invasion à main armée; les noms, les plus illustres, alors et depuis, Martinez de la Rosa, Torreno, San-Miguel, Isturitz, Valdes, Rivas, Mina y prêtaient l'autorité de leur aveu et de leur personne. Ils avaient pour point d'appui un comité de patriotes français sous le patronage semi-officiel de M. de la Fayette, et n'allaient à rien de moins qu'offrir la couronne d'Espagne au duc de Nemours, et voire même celle de Portugal, en lui faisant épouser l'infante doña Maria.

Nous n'eûmes garde d'entrer dans ce jeu-là; c'était, pour nous, bien assez du nôtre; c'eût été d'ailleurs donner à nos principes de conduite le plus téméraire et le plus flagrant démenti. Le gouvernement se borna à fermer les yeux sur les allées et venues des réfugiés; formés bientôt en petit corps sur la frontière, ils espéraient que leur présence suffirait à faire soulever la Biscaye et la Navarre; mais rien ne bougea. Il suffit, néanmoins, de ces quelques menaces pour venir à bout du courage et de la générosité chevaleresque de Ferdinand VII. Il nous fit savoir qu'il était tout prêt à reconnaître le roi des Français et à dissoudre tout rassemblement légitimiste sur son territoire, à charge de revanche; plus de difficulté dès lors, de notre part ni de la sienne; il en coûta cent mille francs au roi sur sa cassette personnelle, pour dégager M. de la Fayette d'une promesse inconsidérée; le peu d'efforts tentés par ces pauvres réfugiés n'eut aucune suite, ni même aucune chance. Il en eût peut-être été autrement si nous nous en étions mêlés pour tout de bon.

Tandis que le roi, de concert avec nous chétifs, s'appliquait ainsi à régler peu à peu la situation, deux énormes tuiles lui tombèrent tout à coup, et coup sur coup, sur la tête, je veux dire deux catastrophes, l'une imprévue, l'autre, par malheur, facile à prévoir.

Le 17 août, quinze jours après le 11, c'est-à-dire après l'avènement de la royauté nouvelle, le dernier des Condé, le duc de Bourbon, fut trouvé mort dans sa propre chambre, dans ce même château de Saint-Leu où, la veille des ordonnances, il avait festoyé le duc d'Orléans; où, le lendemain de notre victoire, il avait reconnu et félicité le roi des Français.

Rien ne faisait présager un tel événement. Le duc de Bourbon s'était couché à son heure ordinaire; aucun bruit n'avait interrompu, dans le château, la tranquillité de la nuit. Le matin, son valet de chambre, trouvant sa porte fermée en dedans et n'obtenant point de réponse, quelque haut qu'il criât, quelque fort qu'il frappât, se décida à faire enfin enfoncer la porte. « Le premier coup d'œil qui s'offrit aux yeux des assistants fut le cadavre de cet infortuné vieillard suspendu par deux cravates de soie liées en doubles anneaux au bouton de l'espagnolette d'une croisée de la chambre. »

A cette triste nouvelle, immédiatement envoyée au Palais-Royal et annoncée d'abord comme une apoplexie foudroyante, M. Pasquier, M. de Sémonville, assistés du garde des archives de la Chambre des pairs, se rendirent en hâte à Saint-Leu pour dresser l'acte de décès. Le corps, dans la position où il avait été trouvé, accroché plutôt que suspendu, les genoux ployés, les pieds presque pendants sur le tapis, leur fut présenté, et le procès-verbal signé par M. le comte de la Villegontier, premier gentilhomme de la chambre du prince, et par le comte de Choulot, capitaine général de ses chasses... La justice locale et le procureur général vinrent immédiatement pour reconnaître le corps et les lieux. Les premiers médecins et chirurgiens mandés pour procéder ou assister à l'autopsie (Marc, Pasquier, Marjolin) n'hésitèrent pas à déclarer que la mort du prince, causée par la strangulation, devait être le résultat d'un suicide. La face était violacée, la langue sortant entre les dents; les parties supérieures n'offraient aucune autre lésion qu'une empreinte légère de la cravate; ses jambes offraient de légères ecchymoses attribuées au frottement contre la croisée ou contre la chaise sur laquelle le prince avait dû monter, et qui se trouvait renversée à peu de distance de ses pieds. L'examen des organes renfermés dans les cavités abdominales et thorachiques ne présentait rien d'extraordinaire; mais, en observant attentivement le cerveau, on reconnut un ramollissement de la pulpe cérébrale qui semblait menacer d'une aliénation-mentale.

J'entre dans ces détails textuellement extraits des documents officiels, afin de bien montrer jusqu'où peut aller, dans ses excès, l'entraînement de l'esprit de parti. Croirait-on qu'il s'est rencontré en très grand nombre, au premier moment, et qu'il se rencontre même encore aujourd'hui, bien qu'en très petit nombre, des légitimistes honnêtes, sensés, plus enclins à douter de la sincérité des témoins, des gens de l'art et de la justice qu'à considérer la mort du duc de Bourbon comme un suicide, le tout afin d'imputer, gratuitement et de gaieté de cœur, un assassinat au roi Louis-Philippe, le plus proche parent de cet infortuné, son ami, le seul de la famille qui se fût empressé de le reconnaître et de se déclarer son sujet! Certes, s'il y avait homme en France pour qui la vie du duc de Bourbon dût être précieuse, pour qui la mort du duc de Bourbon fût un coup sensible, dans la crise où nous nous trouvions, c'était notre roi d'hier. Combien n'aurait-il pas été plus facile, si l'ombre même du doute eût été possible, de rétorquer l'accusation et d'imputer l'assassinat prétendu à la vengeance de quelques légitimistes furieux et au désespoir? Mais que répondre dans l'une ou l'autre hypothèse à ce papier écrit de la propre main du duc, et trouvé dans sa propre cheminée, parmi d'autres papiers qu'il y avait jetés pêle-mêle, la veille de sa mort; c'était une proclamation adressée aux habitants de Saint-Leu et conçue en ces termes?

« Saint-Leu et ses dépendances appartiennent à votre roi Louis-Philippe; ne pillez ni ne brûlez le château, ni le village; ne faites de mal à personne, ni à mes amis, ni à mes gens. On vous a égaré sur mon compte. Je n'ai qu'à mourir en souhaitant bonheur et prospérité au peuple français et à ma patrie.

» P.-J. HENRI DE BOURBON, PRINCE DE CONDÉ.

» *P.-S.* Je demande à être enterré à Vincennes près de mon malheureux fils. »

A coup sûr, un tel écrit ne dénote que trop à quelle agitation était en proie l'esprit du pauvre prince, affaibli par l'âge et la maladie, troublé par un scrupule qui tenait presque du remords, et livré, dans son intérieur domestique, à des obsessions, tristes fruits des désordres de sa vieillesse.

Malgré la rigueur des lois religieuses contre le suicide, les funérailles du duc de Bourbon eurent lieu comme en toute autre circonstance. Le cœur fut déposé dans la chapelle de Chantilly. Le corps, embaumé et exposé pendant plusieurs jours, fut reçu à l'église de Saint-Leu et transporté à Saint-Denis, avec un cortège militaire où figuraient les voitures de la cour; on y voyait les quatre premiers fils du roi. Le cercueil fut reçu à la porte de l'abbaye par le clergé épiscopal; la basilique tendue de noir comme dans les solennités royales; après l'office célébré avec le même cérémonial mais sans oraison funèbre, le corps fut descendu dans le caveau royal, à côté du dernier prince de Condé!

L'autre événement, l'autre catastrophe, fut de bien autre nature, et de bien autre portée.

Le 25 août, à huit jours de la première, à quinze jours de notre propre avènement, éclata, dans Bruxelles, une révolution qui devait bientôt changer l'existence du royaume des Pays-Bas et mettre en péril l'état de l'Europe.

Ce royaume, œuvre de circonstance, de méfiance et de rancune, hydre à deux têtes préposée par le congrès de Vienne à la garde d'une ceinture de places fortes élevées à nos dépens et de nos dépouilles, — produit hybride d'un accouplement contre nature entre deux millions de Hollandais protestants et quatre millions de Belges catholiques, — plus divisés encore d'instincts et de mœurs que de croyance et de langage, — ce royaume avait été dès l'origine en travail de dissolution, et l'incompatibilité d'humeur touchait à son paroxysme, lorsque vint à sonner chez nous le tocsin de Juillet. Le moyen qu'une majorité numérique de plus du double, traitée en vraie servante, dominée et tracassée par une minorité maîtresse du roi, de la cour, des emplois, des impôts et de la force armée ne répondît point à cet appel ? Une soirée, un air d'opéra fort en vogue alors, et le chant en pleine rue de *la Parisienne* à grands carillons, en firent l'affaire d'un tour de main, mais non toutefois sans conflit et sans quelque effusion de sang.

Je m'en tiendrai là sur le fait lui-même, sur sa cause et son origine; je ne m'arrêterai point à rappeler les divers incidents de cette lutte entre le roi des Pays-Bas et ses pauvres nouveaux sujets, à caractériser le mélange de supercherie et de violence qui les soumit, pendant quinze ans, aux conditions d'un pacte numériquement rejeté, moralement oppressif, à relever, pierre à pierre, les querelles incessantes en religion, en politique, en finances, en économie sociale qui ne pouvaient guère manquer de naître et de renaître, à chaque instant d'une union, ou plutôt d'un amalgame formé sous de si fâcheux auspices.

Je ne m'arrêterai pas davantage à raconter la révolution de Bruxelles, calquée, autant que possible, sur la nôtre : attroupements spontanés, impuissant emploi de la force armée, barricades coup sur coup, puis des négociations tout au plus sincères, puis des concessions tardives, puis enfin le soulèvement, gagnant comme une traînée de poudre, de proche en proche, de rue en rue, de ville en ville.

Je ne m'arrêterai qu'aux conséquences immédiates de l'événement, et au surcroît de difficultés qu'il faisait pleuvoir sur nous dans un moment où, Dieu merci, nous en avions de reste.

Notre nouveau gouvernement n'était encore officiellement reconnu que par l'Angleterre; bien accueilli à Vienne et à Berlin, bien vu dès lors dans la plupart des cours et principautés du continent, le pas décisif restait à faire, tout restait encore en suspens, tant que le grand allié du Nord, dont personne n'entendait se séparer, n'aurait pas dit le dernier mot.

Or, pour obtenir ce dernier mot de ces lèvres augustes, nous déclarions avec empressement que nous entendions, de notre côté, accepter et respecter l'état de l'Europe tel qu'il avait été réglé par le sort de la guerre et la foi des traités, en remplissant envers nos voisins toutes les conditions de bon voisinage : point de guerre, point de conquête, point de provocation révolutionnaire, tel était l'engagement que nous offrions volontiers, à charge d'entière réciprocité; mais voilà qu'avant même d'avoir réponse, et comme pour nous prendre au mot, pour nous mettre en quelque sorte à l'épreuve, la révolution belge nous tombait sur les bras.

Que faire, et quel n'était pas notre embarras !

Nous n'y étions pour rien, cela était évident; nous n'avions ni le dessein ni même l'envie de prêter appui soit à l'un soit à l'autre des deux adversaires, au fond cela n'était pas moins certain. Tant s'en fallait, néanmoins, que nous y fussions indifférents, puisqu'il y allait du maintien ou de la ruine d'un état de choses formé contre la France, de la destruction ou du maintien d'une tête de pont placée ostensiblement à cheval sur notre frontière, selon l'expression pittoresque ou, si l'on veut, soldatesque du général Lamarque. Mais, d'un autre côté, un tel établissement ayant été l'œuvre savamment préméditée du congrès de Vienne, nous courions grand risque, s'il venait à se trouver compromis, de voir les signataires de cet acte prendre fait et cause, et quelle figure allions-nous faire, en ce cas, nous, pauvres révolutionnaires de la veille, s'il s'opérait une contre-révolution armée, sous nos yeux, à nos portes, une contre-révolution à notre dam et à notre barbe ?

Le temps pressait; nous étions officieusement avertis que le roi des Pays-Bas, même avant d'avoir tout à fait perdu la partie, s'était hâté de mettre, à tout événement, ses garants en demeure; la position allait devenir intenable. Que faire, encore un coup? C'était le cas de tout risquer, tout, dis-je, sauf l'honneur et le bon sens.

Ce fut le principe de non-intervention qui nous tira d'affaire et devint notre planche de salut, toutefois en l'interprétant à la rigueur, ou même plutôt en aidant un peu à la lettre.

Ce principe, comme chacun sait, est aux États ce qu'est aux individus le principe de la liberté personnelle. Je suis maître chez moi, nul n'a droit d'y pénétrer sans mon aveu; j'y règle mes intérêts comme je l'entends; nul n'a droit de m'en demander compte tant que je ne lui porte aucun dommage. Si mon voisin force ma porte et prétend se mêler de mes affaires, non seulement j'ai le droit de repousser son ingérence, mais j'ai le droit, pour la réprimer, d'appeler à mon secours tout autre de mes voisins, tous ayant intérêt indirect mais légitime au maintien de la liberté de chaque personne et de la sécurité de chaque domicile. De même entre les États, chacun chez soi, chacun pour soi; tous, au besoin, pour ou contre chacun, selon l'occasion.

Ce fut ce principe que nous résolûmes d'invoquer pour parer à l'éventualité du moment. Tant que l'œuvre du congrès de Vienne était debout. nous étions tenus de la respecter; tant que le roi des Pays-Bas était maître chez lui et mettait ses sujets belges à la raison, nous étions tenus de le laisser faire. Mais, si l'œuvre du congrès de Vienne venait à tomber sur elle-même, — si la séparation entre la Hollande et la Belgique venait à s'opérer par force intrinsèque, — et si le roi des Pays-Bas appelait un tiers à son aide pour reformer l'union, — rien, selon nous, n'interdisait à la Belgique d'en faire autant, en sens inverse ; coup pour coup, intervention pour intervention, rien ne nous obligeait à rester les bras croisés, en laissant se rétablir, sous nos yeux, *par des tiers*, un ordre de choses qui menaçait notre indépendance et notre sécurité.

Je ne dis pas que l'argumentation fût irréprochable ni que la parité entre les cas allégués fût rigoureuse. Je ne dis pas que les signataires de l'acte de Vienne n'eussent rien à voir à la destruction de leur œuvre; mais encore pour cela fallait-il qu'ils se missent d'accord au préalable, et qu'ils agissent de concert. Or cela nous donnait du temps et le temps était tout pour nous.

Nous fîmes savoir au gouvernement anglais, qu'au cas où l'incorporation de la Belgique à la France nous serait offerte par nos anciens compatriotes, l'offre ne serait point acceptée; que le tracé de nos frontières ne serait point dépassé, et que l'établissement d'un nouveau royaume de Belgique resterait, de notre aveu et plein consentement, une question tout européenne.

De ce côté, cela suffit.

A Vienne, M. de Metternich, qui, d'ailleurs, n'entendait pas raillerie sur le principe de non-intervention, comprit avec son bon sens expérimental qu'il ne fallait rien pousser à l'extrême, et que c'était ici le cas du *summum jus, summa injuria*.

Restait la Prusse.

Restait l'héritier, l'héritier tel quel du grand Frédéric; il était beau-frère du roi des Pays-Bas, son allié à ce double titre, et d'ailleurs géographiquement à portée du champ de bataille; il répondit à l'appel, prit en main la cause commune et se hâta de rassembler une armée pour lui prêter main forte.

A cette nouvelle, notre conseil, à l'unanimité, décida qu'il en fallait avoir le cœur net. Au nom du roi, M. Molé, notre ministre des affaires étrangères, alla trouver M. de Werther, ministre de Prusse sous Charles X, et restant à Paris jusqu'à nouvel ordre de sa cour ; il lui signifia, en termes catégoriques, que toute armée prussienne qui ferait mine d'entrer en Belgique y rencontrerait une armée française prête à lui disputer le terrain, et le pria d'en informer sa cour, sans lui laisser le moindre doute à cet égard. Là-dessus, grands cris, grand récri, grand tapage de démonstrations et de menaces ; mais il n'en fut que cela : l'armée prussienne ne bougea pas ; M. de Werther continua son intérim volontaire en attendant ses lettres de créance, et le règlement de la question belge, après quelques vicissitudes inévitables en pareille crise, se trouva définitivement renvoyé à Londres, et commis aux soins d'une conférence réunie depuis plusieurs mois dans cette ville pour y traiter en commun des affaires de la Grèce.

Pour un coup d'essai, ce n'était pas mal. Je reviens à nos affaires intérieures. Sans nous trop émouvoir des agitations qui se manifestèrent, dès le lendemain du 11 août, dans le sein de la classe ouvrière, — agitations qu'on pouvait considérer comme la continuation d'un passé qui durait encore plutôt que comme le prélude d'un prochain avenir, — sans regarder de trop près au prix des bons offices que nous rendait, en cela, la popularité de M. de la Fayette et de M. Dupont (de l'Eure), nous cheminions, pas à pas, d'écueil en écueil. Nous n'apprîmes pas sans quelque consternation, qu'à la clameur publique, plusieurs des ministres fugitifs avaient été saisis et mis sous bonne garde, M. de Polignac à Granville, au moment où il s'embarquait, MM. Peyronnet, Chantelauze et Guernon-Ranville dans les environs de Tours. Il va sans dire, qu'à nos risques et périls nous eussions bien voulu l'éviter. Mais, la chose étant faite, le crime était trop flagrant, le sang versé encore trop chaud, et l'indignation trop universelle pour qu'il nous fût possible de fermer les yeux sur une telle capture sans prendre leur fait et cause et devenir leurs complices : d'autant que le même jour, 13 août, M. Eusèbe Salverte avait déposé sur le bureau de la Chambre des députés une proposition de mise en accusation, tandis que M. de Tracy, avec des intentions plus humaines, plus généreuses, mais analogues quant au fond, y déposait la proposition d'abolir la peine capitale.

Les prisonniers furent transférés à Vincennes

dans la nuit du 26 au 27 août; grâce à cette précaution, non seulement leur personne fut en sûreté, mais les outrages et les imprécations leur furent épargnés.

Le surlendemain, le roi passa pour la première fois, au Champ-de-Mars, la revue de la garde nationale, et lui distribua des drapeaux aux trois couleurs. Plus de soixante mille hommes armés et équipés de pied en cap s'y pressèrent autour de sa personne et répondirent par leurs acclamations à son appel.

Ce fut pour tout le monde un jour de fête, et pour nous un jour de trêve.

Les premières séances des deux Chambres eurent, tout compte fait, plus d'intérêt que d'importance. Jusqu'à quel point l'inévitable obligation du serment éclaircirait-elle les rangs dans l'une et dans l'autre, ce fut la première question, question de personnes, assaisonnée d'hésitations, d'explications, de rétractations, de regrets, qui naturellement prêtait à jaser, et dont l'oubli, quels que fussent les noms propres, fit bientôt justice en ne laissant de trace que dans la mémoire des acteurs.

La Chambre des pairs, mutilée qu'elle était par la charte nouvelle, ne comptait que quatre-vingt-trois membres à l'entrée de la session; c'était quelque chose, même beaucoup, vu sa composition originaire et son épuration récente. Le nombre grossit peu à peu, par des arrivées successives et des retours imprévus.

Ce fut le contraire dans l'autre Chambre; au début, huit députés seulement donnèrent leur démission; mais, dans les quelques jours qui suivirent, quarante ou cinquante autres se ravisèrent et suivirent leur exemple.

L'incertitude sur un point aussi délicat ne pouvait être tolérée. Elle était également contraire à la dignité de toutes les parties intéressées, gouvernement, pairs et députés. On convint bientôt (19 et 23 août), non sans quelque peu de grimaces, qu'un délai de quinze jours serait assigné aux députés, et d'un mois aux membres de la Chambre des pairs pour prendre parti, faute de quoi ils seraient réputés démissionnaires. A l'égard des derniers, la déchéance était personnelle.

Mais venait alors la nécessité de pourvoir au remplacement des députés démissionnaires; comment y devait-on procéder? d'après quels principes? suivant quelle loi ?

« Une question grave se présente, disait

M. Guizot à la Chambre des députés, le 14 août ; d'importantes modifications à notre législation électorale sont annoncées ; elles ne pourraient être assez promptement accomplies pour que les élections aujourd'hui vacantes eussent lieu sous leur empire. Ces élections se trouvent nécessairement placées sous l'empire des lois, car les lois subsistent tant qu'elles ne sont pas formellement abrogées ou changées, et c'est un des plus impérieux besoins de la société que partout où ne vient pas frapper une nécessité absolue, irrésistible, sa vie légale continue sans interruption. Mais les lois électorales encore en vigueur contiennent un principe si fortement réprouvé par la conscience publique, et dont la prochaine abolition a été si hautement réclamée, qu'il y aurait une inconséquence choquante à en autoriser l'application, c'est le principe du double vote. Quoique leur prompte solution soit désirable, les autres questions peuvent et doivent être ajournées à la discussion générale et approfondie des lois annoncées. Le double vote n'est plus une question ; aboli en principe par la Charte, en fait, il doit disparaître. »

Il va sans dire que, sans avoir insisté dans le conseil pour qu'on s'obstinât à rompre en visière au préjugé qui s'élevait, en ce moment, contre le double vote, ce n'est point en ces termes que, pour ma part, j'en aurais parlé.

Ministre de l'intérieur, M. Guizot proposait qu'au cas où le député démissionnaire aurait été élu par un collège de département, il fût pourvu à son remplacement par un tirage au sort entre les divers arrondissements de ce même département, proposition qui fut convertie, plus tard, dans une autre plus générale, à savoir le maintien d'un collège de département composé, cette fois, de tous les électeurs, chacun d'eux participant ainsi au double vote. La discussion, sur ce point, fut vive, et l'opposition naissante, ou plutôt renaissante, y manifesta, pour la première fois, dans la personne de M. Mauguin, la prétention de frapper désormais d'illégalité (la crise révolutionnaire étant accomplie) l'emploi régulier des pouvoirs de la Chambre, et d'en appeler au peuple. M. Mauguin fut vigoureusement rabroué par M. Dupin; mais le coup était porté, et le fer resta dans la plaie.

Quant à la Chambre des pairs, sa position restait plus précaire encore; elle se hâta de faire acte d'hérédité, vaille que vaille, en admettant, à ce titre, M. de Sesmaisons (Donatien) ; de libéralité, en abrogeant, *pro parta quâ*, la loi du sacrilège, et de virilité politique en autorisant l'arrestation régulière de M. de Polignac et de M. Peyronnet saisis et détenus sur la clameur publique.

Ces signes de vie ne l'affermissaient qu'à demi.

L'assiette des pouvoirs publics, si l'on ose ainsi parler, se trouvait régularisée, au moins provisoirement, et les premières assises du nouveau régime posées à titre de pierre d'attente ; restait à en faire autant quant à nos rapports avec les puissances étrangères, au fur et à mesure des actes de reconnaissance qui nous étaient successivement adressés.

Le maréchal Mortier fut envoyé comme ambassadeur à Saint-Pétersbourg; le maréchal Maison à Vienne; mon vieil ami Rumigny à Berlin; le duc d'Harcourt à Madrid; M. de Barante à Turin; M. de Latour-Maubourg à Rome; M. Bertin de Vaux à La Haye; M. Sérurier à Washington. Toutes ces nominations, concertées entre le roi et M. Molé, furent accueillies, sans difficulté par le conseil et bien vues par le public ; mais l'ambassade d'Angleterre devint entre nous et au dehors une pierre d'achoppement.

Notre roi, dans le secret de son cœur, destinait

ce poste important à M. de Talleyrand, ou, si l'on veut et pour mieux dire, destinait M. de Talleyrand à ce poste. Je le savais sans qu'il me l'eût dit, et, selon toute apparence, l'objet de ce choix le savait, sans avoir eu, comme moi, besoin de deviner.

Au fond, le roi avait raison.

L'Angleterre était la puissance qui nous voulait du bien pour tout de bon; la seule sur laquelle nous eussions, à certain degré, raison de compter. Le mouvement libéral imprimé en 1827 à la politique britannique par M. Canning ne s'était pas éteint avec cet homme d'État enlevé trop tôt à la bonne cause; ce mouvement traversait depuis trois ans la réaction tory (la réaction Wellington-Peel) entravée, ou si l'on veut, enrayée plutôt que suspendue. La réforme continuait à gagner du terrain dans l'opposition, et les réformes dans le ministère lui-même. Nous avions auprès de l'un et de l'autre le double mérite de la justice et du succès. C'était par conséquent à Londres que nous devions chercher et que nous pouvions trouver un point d'appui contre le mauvais vouloir ostensible ou la bienveillance suspecte des autres gouvernements, d'autant que Londres était, pour le moment, grâce à l'intervention de l'Europe dans les affaires d'Orient, le centre, le foyer de la politique européenne.

Mais, pour tirer parti de ces avantages, il fallait du coup d'œil, de la mesure et de l'aplomb; il y fallait un homme de tête et de poids, un homme reconnu pour tel.

Un bon révolutionnaire de 1830, fût-il de ce côté-ci de la Manche orateur en vogue, banquier de haute volée, ou vétéran de la grande armée (c'étaient à peu près là nos illustres) aurait, selon toute apparence, fait sonner bien haut ses lieux communs de tribune, sa gloriole de garde nationale, ou ses rancunes de Waterloo. S'il s'était par trop émancipé en démonstrations populaires, il aurait perdu bientôt tout crédit auprès d'un ministère tory encore sur pied, sans en acquérir d'avance sur un prochain ministère whig, lord Grey n'étant pas plus que lord Wellington homme à s'en laisser remontrer par *un parvenu nouveau venu;* et si, ce qui ne pouvait guère manquer d'arriver, ce patriote de fraîche date avait fait mine de se mêler un peu des affaires d'autrui, d'approuver ou de blâmer, à Londres, ceci ou cela, de prendre parti pour ou contre celui-là ou celui-ci, le *tolle* aurait été universel et le poste serait devenu intenable.

Pour bien faire, il nous fallait, au contraire, tenir haut notre drapeau sans l'étaler, prendre séance au corps diplomatique sans affecter d'en forcer l'entrée, désarmer la méfiance sans la braver, et répondre aux bons procédés sans rechercher la protection.

La tâche était ardue et délicate, il y allait de notre avenir ; de la position que nous prendrions en Angleterre dépendait celle qui nous serait acquise en tout pays de Sainte-Alliance, c'est-à-dire auprès des principaux cabinets du continent.

M. de Talleyrand était grand seigneur de nature plus encore que de naissance, d'instinct plus encore que de mœurs et d'habitudes sociales. Qualité ou défaut (l'un ou l'autre, ou plutôt l'un et l'autre à certain degré), ce caractère original, indélébile en lui, cet *ingenium*, qu'on me passe le mot latin, avait dominé toutes les aventures de son étrange existence, et nous l'imposait à notre tour, après l'avoir imposé, coup sur coup, à tout ce qui s'était rencontré sur sa route, durant presque un demi-siècle, personnes ou choses, gens de toute sorte, hommes grands ou petits, honnêtes ou le contraire, bonnets rouges ou têtes couronnées.

Prélat de cœur et de salon jusqu'en 1789, féal et

familier de Mirabeau à l'Assemblée constituante, évêque qui livrait l'Église aux mécréants, la dépouillait de ses biens, consacrait de sa main, sans trouver de coadjuteur, les premiers prêtres assermentés, et disait sa dernière messe au Champ-de-Mars sur l'autel de la patrie, c'était lui, pourtant, que le groupe de constituants venus à résipiscence après l'équipée de Varennes choisissait pour négocier, à petit bruit, auprès du gouvernement anglais, quelques démonstrations en faveur du pauvre prisonnier des Tuileries.

Sans caractère à Londres, simple mentor d'un titulaire qui ne l'était guère que de nom (M. de Chauvelin), c'était lui, lui seul que M. Pitt et lord Granville admettaient, en confidence, à leurs pourparlers sur cette proposition tant soit peu scabreuse.

Éconduit, bon gré mal gré, après la catastrophe du 21 janvier, c'était lui dont, au retour d'un très court exil, les jacobins du Directoire subissaient en maugréant le bel air et la tenue de gentilhomme, afin de donner du relief à leur ministère des relations extérieures.

Entraîné bientôt dans la déroute de ses tristes patrons, c'était encore lui qui s'était retrouvé debout au 18 Brumaire, tendant au premier consul une main que le vainqueur d'Arcole s'empressait de saisir, en le chargeant, sur-le-champ, d'établir quelques bons rapports entre le nouveau gouvernement et quelques-unes des puissances étrangères, et, plus tard, hélas! de justifier, par une circulaire à jamais célèbre, l'enlèvement et le meurtre du duc d'Enghien.

On l'avait vu, dès lors, marcher de traités en traités, comme son maître de victoires en victoires, imposer au vaincu la loi du vainqueur, jusqu'au jour où, tombé lui-même en disgrâce, pour avoir conseillé de s'arrêter à mi-route dans les folies d'Espagne, on l'avait vu rester dignitaire de l'Empire en déclin, comme vingt ans plus tôt, dignitaire de l'Église en ruine, gardant, alors comme alors, une position, une attitude, une autorité que les personnages les plus haut placés continuaient d'envier.

J'ai vu moi-même, en 1812, au congrès de Prague, M. de Metternich, au faîte de sa puissance, imiter M. de Talleyrand à ce degré qu'on pouvait presque s'y méprendre.

Mais c'était peu.

Quand enfin était venu, pour nous, le jour des défaites et de l'invasion, on l'avait vu, ce prince de

Bénévent, de fabrique impériale, travailler ouvertement à la chute de l'Empire, en face de l'empereur, qui l'en accusait, avec sa grosse voix, en pleine cour; puis accueillir, à leur entrée dans Paris, les monarques vainqueurs, offrir son propre hôtel à l'empereur Alexandre, avec une hospitalité quasi souveraine, imposer le rétablissement des Bourbons, dicter les conditions de la Charte; puis, évêque défroqué, devenir premier ministre du roi Très-Chrétien; puis, ex-grand électeur de l'Empire, siéger à ce congrès de Vienne où se partageaient les dépouilles de cet empire, y rompre à moitié l'alliance des vainqueurs; puis, à la nouvelle du débarquement de Cannes, renouer le faisceau de cette alliance, et marchant, sinon à sa tête, du moins sur ses pas, détrôner pour la seconde fois l'empereur, et placer, pour la seconde fois, la couronne sur la tête de Louis XVIII; puis, de nouveau tombé en disgrâce, mais demeuré titulaire de la plus haute des charges de cour, travailler quinze ans à s'en relever, comme pour s'entretenir la main, sans succès il est vrai, mais sans relâche, et comme attendant le moment où, survivant encore une fois à son œuvre, il lui serait donné de porter en terre, dans la personne de nos rois restaurés, l'enfant qu'il avait tenu deux fois sur les fonts du baptême.

Je n'oublierai de ma vie que le second jour des événements de Juillet, traversant la rue de Rivoli vers six heures du soir, au bruit lointain de la fusillade, et voyant M. de Talleyrand à la fenêtre de son entresol, j'y montai pour lui raconter le peu que je savais, et que, retenu par lui à dîner avec deux ou trois commensaux qui ne comptaient pas, j'y vis arriver, au dessert, l'ambassadeur d'Angleterre sir Charles Stuart. Leur entretien fut long ; au point où nous en étions, ils ne se gênèrent pas en ma présence et ce qu'ils se dirent sur ce qui ne pouvait guère manquer d'arriver n'était pas, à coup sûr, de gens qui s'en parlassent pour la première fois.

Rien donc d'extraordinaire, voire même rien que de naturel dans l'idée de confier à des mains si exercées en fait d'évolution, si expertes en fait d'hommes et de choses, si aguerries en fait d'événements, le soin de guider, à ses premiers pas, notre gouvernement nouveau-né et de l'accréditer en Europe, vaille que vaille, advienne que pourra.

M. de Talleyrand connaissait bien l'Angleterre, du moins dans ses principaux personnages; il en était bien connu. Il connaissait mieux encore les ministres, les diplomates qui se pressaient à la conférence de Londres; il les avait, plus d'une fois, rencontrés, toisés, mesurés soit à Paris, soit dans les autres capitales du continent, à titre, tour à tour, de serviteurs, d'auxiliaires ou d'adversaires du maître commun. Tout déchu qu'il se trouvât, en France, depuis quinze ans, nul d'entre eux n'avait plus grand air et ne comptait davantage, nul n'était tenu pour plus exempt de scrupules, plus dégagé de préjugés, plus au-dessus des affaires quand il s'en mêlait. Il avait la réputation d'un homme d'État consommé et la méritait, en ce sens qu'il était doué de ce coup d'œil prompt et sûr qui discerne, dans les circonstances les plus difficiles, la position à prendre, et sait, après l'avoir prise, la laisser opérer, en attendant avec sang-froid les conséquences. C'était ainsi que, arrivé à Vienne, en 1815, sans avoir même la certitude d'être admis au congrès, il en était venu peu à peu, non seulement à y siéger, mais à le diriger, à le diviser d'abord, puis enfin à le dominer. C'était un service de ce genre que nous pouvions attendre de lui; mais il fallait, pour cela, que ses bons offices fussent réclamés et agréés; or, choisir pour représentant à Londres le prince de Talleyrand, c'était beaucoup pour des patriotes comme nous, tout frais émoulus de révolution; c'était beaucoup pour la fatuité populaire de M. Laffitte, pour la rusticité gourmée de M. Dupont (de l'Eure), pour les souliers ferrés de M. Dupin, beaucoup pour la plèbe arrogante et vulgaire qui croyait disposer de nous et n'avait pas tout à fait tort.

Pour l'assister dans ce coup de tête, le roi n'avait guère que M. Guizot, qui portait tout le poids du jour et de l'œuvre, en qualité de ministre de l'intérieur, et moi, pauvre duc bien compromis en cette qualité et suspect à plus d'un titre.

Le plus récalcitrant d'entre nous était M. Molé, mais par des raisons personnelles, et tout autres que celles des autres. M. Molé voyait clairement avec sa sagacité naturelle, et peut-être n'en fallait-il pas tant pour cela, que le foyer des affaires une fois placé à Londres, sous la coupe de M. de Talleyrand, tout se ferait directement entre un si gros bonnet et le roi, sauf à se débattre de notre côté, dans un conciliabule secret entre le roi, Madame Adélaïde, sa sœur, et le général Sébastiani, confident de l'un et de l'autre. Être ministre *in partibus* ne convenait certainement pas à un homme de la position et de la portée de M. Molé.

Aussi travaillait-il de tout cœur à éloigner de lui ce dégoût, argumentant à la Dupin, par des raisons de coin de rue; mais, quand nous étions tête à tête, il s'ouvrait à moi d'autant plus volontiers qu'il me devait, ainsi qu'on l'a vu, ce poste qu'il craignait de trouver plus apparent que réel. Mais à cela je ne pouvais rien; je ne pouvais que lui raconter ce qui m'avait été dit, à mon entrée dans le monde, par un vieillard plein de finesse et d'expérience, bien connu en ce temps-là, M. de Sainte-Foix : « Souvenez-vous qu'on ne doit jamais se mêler des affaires humaines, pas même des siennes propres, si l'on ne sait pas passer un mauvais quart d'heure... Au demeurant, ajoutais-je, le mauvais quart d'heure n'est pas pour vous seul, et ne tient pas à tel ou tel choix; il ne s'agit ici pour aucun de nous d'acquérir de la réputation ni de faire preuve d'habileté, mais de tenir la position le temps suffisant; nous ne sommes qu'un sac à terre, comme disent les sapeurs; nous ne faisons que boucher un trou qui, sans nous, resterait béant, et par où tout passerait; nous faisons, tant bien que mal, le lit de nos successeurs, et puissent-ils l'occuper bientôt! »

Mes consolations ne consolaient guère mon

interlocuteur; mais, comme il avait de la raison, il entendit raison provisoirement. J'agis aussi, plus ou moins, sur nos patriotes, en leur faisant de petits plaisirs, aux dépens de mes pauvres affaires; en leur cédant sur des points que j'aurais été bien tenté de défendre, sur des emplois et des employés qu'il était dans mon intention et jusqu'à un certain point de mon devoir de protéger contre les exigences de la réaction. Dieu nous jugera dans sa justice et dans sa miséricorde, a dit M. Royer-Collard, en excusant certains actes auxquels avaient été réduits les plus gens de bien en 1793. Bref, M. de Talleyrand devint notre ambassadeur; j'y laissai quelques plumes, et ce choix, *valeat quantum*, nous fut profitable sans trop faire mauvais effet.

Ce fut principalement sur les trois départements qui m'étaient commis: le conseil d'État, l'instruction publique et les cultes, que pesèrent plus ou moins les exigences de la réaction, tant au dehors qu'au dedans de notre ministère.

J'ai raconté comment j'avais sauvé l'existence même du conseil d'État de l'orage qui grondait sur lui dans la pensée du roi, et des griffes du garde des sceaux, qui s'apprêtait à le dépecer au profit des tribunaux et des administrations électives. Dès le 13 août, M. Dupont était à l'œuvre, et M. Isambert, son metteur en œuvre, bon homme au fond, mais tête de bois s'il en fut, avait chapitré le pauvre Hochet, secrétaire de ce conseil *in extremis*, et commençait à instrumenter; on peut juger de ce qui se préparait par la lettre qu'il m'adressa en me transmettant bon gré, mal gré, l'ébauche de son travail.

J'y mis ordre sur-le-champ.

Le 20 août, je soumis au roi un rapport court mais clair et substantiel, où la nature de cette institution, en tant que que ressort essentiel à l'établissement monarchique, la nécessité dans les circonstances présentes d'en déclarer le maintien, l'urgence de lui rendre immédiatement vie et action étaient établis en termes catégoriques.

Ce rapport revêtu de l'approbation royale fut inséré *in extenso* dans *le Moniteur*.

Je fis, le même jour, signer au roi l'ordonnance qui remettait sur pied l'ancien conseil d'État, remodelé sur un plan nouveau dans ses attributions, et revisé très sévèrement dans son personnel.

Je n'en étais venu là ni d'un seul coup ni sans des luttes très vives.

Tout conseil d'État étant, au vrai, le quartier général du gouvernement dont il fait partie, l'élite de sa milice, le dépositaire de ses traditions, le confident de ses secrets, en un mot l'âme de sa politique, quand ce gouvernement vient à tomber, naturellement son conseil d'État devrait s'empresser de faire maison nette; ce devrait être affaire de principe et de point d'honneur.

Mais il n'en va pas toujours ainsi et les exemples ne sont pas rares de ces serviteurs zélés qui ne répugnent pas trop à faire, tout en grommelant, un nouveau bail avec le nouvel occupant.

Ce fut le cas cette fois.

Sur quarante-cinq conseillers en titre d'office, deux seulement, M. de Tournon et M. Delamalle, donnèrent leur démission. Sur trente-deux maîtres des requêtes, trois seulement, MM. de Nugent, Cormenin et Prévost en firent autant.

Je ne parle point de ceux qui, n'étant pas titulaires, n'avaient entrée au conseil qu'en raison des fonctions dont ils étaient pourvus.

Or, comme un certain nombre de ces personnages de bonne volonté, sans être pour cela bénévoles, s'étaient trouvés engagés jusqu'à la garde dans la politique active, plusieurs même compromis dans la préparation des fatales ordonnances, il était clair qu'une élimination devenait indispensable et naturellement tombait à ma charge. Je l'entrepris fort à contre-cœur, dans l'intention bien sincère de la réduire aux strictes limites de la prudence et des convenances, en maintenant sur pieds tous les gens de métier, toutes les têtes à perruques, tous les plumitifs dont la profession et la propension est de dépouiller des dossiers, et d'entretenir, si j'ose ainsi parler, le pot-au-feu des affaires courantes.

Mais ce fut là ma première bataille. Autant de titulaires maintenus, autant de retranché sur les vacances à pourvoir ; les sièges au conseil d'État étant réputés de friands morceaux, chacun de mes confrères au ministère avait sa clientèle de prétendants, chacun desquels avait, pour son compte, des raisons à faire valoir contre l'un ou l'autre de ceux que j'entendais maintenir, raisons sinon plus solides, du moins plus spécieuses que les miennes, l'équité, la modération, le ménagement des droits acquis et des positions faites n'ayant guère beau jeu en révolution.

Je fus donc souvent ou, pour tout dire, habituellement battu sur ce terrain, dans l'intérieur du cabinet, et qui prendra la peine de jeter les yeux sur la liste des conseillers et des maîtres des requêtes évincés, c'est-à-dire, selon la formule d'usage, admis à faire valoir leurs droits à la retraite, ne s'étonnera guère du peu de succès de ma résistance.

J'y perdis plusieurs auxiliaires dont le savoir, le bon sens et l'expérience m'auraient été très précieux. J'y perdis surtout un ami qui m'était très cher, et pour lequel je rendis un combat désespéré, M. Victor Masson, l'un des auteurs et le principal de cette excellente comptabilité française dont M. Mollien avait, en son temps, posé les premiers fondements. J'y avais travaillé avec M. Masson en simple amateur. C'était en administration, en finance, en économie publique, un esprit supérieur. Il avait été sous M. de Villèle le rapporteur de la loi sur la conversion des rentes; c'était là ce dont on lui faisait crime. J'avais espéré que M. Laffitte, l'un des inspirateurs, comme on sait, de cette malencontreuse mesure, me soutiendrait dans la défense de son défenseur; mais il lâcha pied des premiers : quand il me fallut instruire mon pauvre ami de notre commune déconvenue, je vis couler de grosses larmes sur ses joues amaigries par l'âge et le travail; mes propres yeux n'étaient pas bien secs, et, pour peu de chose, j'aurais jeté là le fardeau dont je m'étais laissé embâter.

Je pris ma revanche à la formation du nouveau conseil; il s'entend, à la nouvelle répartition des titulaires maintenus et au choix des nouveaux appelés, et je déclarai formellement à mes collègues, en présence du roi, que, s'ils entendaient m'imposer leurs créatures, et peupler l'administration, au premier chef, de novices ou de braillards, ils n'avaient qu'à chercher un autre que moi pour faire ce métier. Je tins bon quoi qu'il en pût advenir, et le conseil qui sortit, en définitive, de nos délibérations fut à peu près tel que je le proposai.

Je donnai le bon exemple, en n'admettant qu'un seul de mes amis personnels, M. Renouard, avocat estimé et devenu depuis l'un des membres les plus honorés de la cour de cassation. J'entends ici par ami personnel un homme qui n'avait, à cette époque, d'autre titre pour monter au premier rang que les rares qualités dont il a depuis fait preuve. Plusieurs autres de mes amis politiques s'y trouvèrent naturellement portés par leur position et leur célébrité : MM. Villemain, Duchâtel, Salvandy; parmi les journalistes, je ne proposai et ne fis admettre que MM. Thiers et Mignet. Les conseillers conservés furent presque tous des hommes d'un mérite éprouvé; MM. Allent, de Gérando, Maillard, Mounier, Hély d'Oissel, d'Argout, Kératry, Brevannes, Haxo, Béranger, Fréville, Calmon, Delaire.

Ce ne fut, d'ailleurs, qu'une organisation provisoire; car, le même jour (20 août), je fis nommer une commission chargée de préparer l'organisation définitive, commission d'élite (MM. Bérenger, d'Argout, Devaux, Vatimesnil, Zangiacomi, Fréville, Macarel, Rémusat) à la tête de laquelle je plaçai M. Benjamin Constant, qui ne daigna pas l'honorer de sa présence.

Je ne l'y regrettai guère; il nous eût été plus nuisible qu'utile. Étranger à l'administration dans son ensemble et dans ses détails, étranger surtout à l'administration française, il nous eût fait perdre un temps précieux dont chaque moment nous était compté; nos séances se seraient passées à lui apprendre ce qu'il ignorait, et à réfuter les objections qui lui auraient passé par la tête.

Je présidai moi-même cette commission presque

tous les jours durant mon court passage aux affaires. J'y étais de tout cœur; j'avais beaucoup réfléchi et écrit quelque peu sur l'objet de son travail, et je ne désespérais pas absolument d'y laisser quelques traces de mes idées personnelles, à valoir ce que de raison. Ce qu'il en advint, je l'expliquerai bientôt en exposant l'ensemble des opérations dont la direction m'était officiellement confiée; mais il me faut reprendre, avant tout, le fil, et suivre rapidement le mouvement des affaires générales.

Nous avions grand'peine à sortir du provisoire; je comprends sous ce nom la mesure qui rouvrait définitivement la France aux bannis de 1816, puisqu'il semblait indispensable de ne point l'étendre aux membres de la famille Bonaparte.

J'y comprends également le rapport présenté aux deux Chambres par le ministre de l'intérieur, sur l'ensemble des changements opérés, tant dans le personnel que dans le matériel des services publics, durant le premier mois de notre administration.

Ce rapport ou plutôt cette communication sans caractère déterminé, sans dénomination officielle, n'était guère autre chose qu'une réponse au déluge de sollicitations qui pleuvaient sur nous, à l'universelle postulation des emplois, aux dénonciations incessantes et réitérées contre les fonctionnaires prétendus *carlistes*. C'était le crime du moment; chacun de nous ayant vidé son sac dans ce commun compte rendu, et prouvé que, dans son propre département, il avait frappé assez dru et n'avait pas eu la main trop légère, nous espérions en être quittes. Vain espoir : la communication fut très mal reçue, précisément parce qu'elle avait pour but de fermer la porte aux prétentions; la chasse au carlisme, c'est-à-dire, en bon français, la curée des places n'en continua que de plus belle, jusqu'au jour où l'un des limiers de cette meute affamée s'étant écrié d'une voix vibrante : « Savez-vous bien, messieurs les ministres, ce que c'est qu'un carliste? » nous lui répondîmes d'un commun accord :

— Un carliste, c'est un homme qui occupe un poste dont un autre homme a envie.

L'éclat de rire fut universel, et nous valut quelques jours de répit.

Je note en passant, à titre de progrès, — de progrès latent dans l'ordre des institutions constitutionnelles, le parti que nous prîmes — que nous prîmes de nous-mêmes et sans provocation quelconque, le parti, dis-je, de soumettre à l'approbation des Chambres le chiffre du contingent appelé, chaque année, pour le recrutement de l'armée. Ç'avait été, ainsi que j'en ai fait mention en son temps, un grand sujet de débat entre le parti doctrinaire et le ministère de 1818. Nous avions été vaincus; devenus vainqueurs, ce que nous avions réclamé, nous le fîmes de bonne grâce; pratiquement la chose avait peu d'importance.

Je note également en passant le crédit de 60 millions ouvert au ministre des finances pour avances à l'industrie dans la crise que nous traversions (il fallait que cette mesure fût bien nécessaire pour que M. Louis s'y résignât), et successivement des crédits votés jusqu'à concurrence de 67 490 000 francs pour faire face aux dépenses de l'expédition d'Alger. Il ne faut pas oublier ici que cette expédition, entreprise par le gouvernement déchu, dans son propre intérêt, et contre le vœu et l'intérêt du pays, n'était pas alors aussi populaire qu'elle l'est devenue depuis, à mon regret, et que peu s'en fallut qu'elle ne figurât à titre de grief dans le procès des ministres.

Il vint enfin, ce triste procès qui devait préparer et précipiter notre chute, ce qui n'était un grand mal pour aucun de nous, mais ne tarda pas à remettre en péril la société à peine échappée aux scènes de désordre qu'elle avait traversées.

Il vint, précédé de divers incidents qu'il suffit ici de rappeler.

26 août. — Amnistie pour tous les condamnés politiques.

30 août. — Récompenses aux combattants de Juillet, à leurs femmes et à leurs enfants.

5 septembre. — Rapport présenté au roi par l'ex-commission municipale sur ses travaux et opérations durant son court et laborieux intérim.

11 septembre. — Revision des listes électorales.

20 septembre. — Procession de jeunes patriotes, portant en triomphe à Sainte-Geneviève, redevenue le Panthéon, les bustes de Manuel et de Foy, et ne consentant qu'à grand'peine à les entreposer à l'hôtel de ville, à la prière et sous la garde d'Odilon Barrot.

21 septembre. — Autre procession expiatoire dédiée à l'anniversaire de la conspiration de La Rochelle, et à la réhabilitation des quatre jeunes sergents exécutés ce jour-là, M. de la Fayette proposant de graver leurs noms parmi les grands hommes objet de la reconnaissance publique, et faisant

rendre à la procession les honneurs militaires.

Il est juste d'ajouter qu'il en profita pour faire signer une pétition contre la peine de mort, laquelle fut couverte par plusieurs milliers de noms appartenant à toutes les classes de la société.

Ce fut enfin le 23 septembre qu'une commission, nommée *ad hoc* sur la proposition de M. de Salverte, rendit compte à la Chambre des députés de la situation où se trouvaient les complices du roi déchu (hélas! le terme n'est que trop juste) et prit sur elle de commencer les poursuites.

Ce rapport fut présenté par M. Bérenger, magistrat éclairé, libéral et bien vu dans tous les partis.

Tel était l'état des esprits et l'évidence des faits que cette commission, je le répète, n'hésita point à s'ériger, de son propre chef, en chambre d'instruction, sauf à réclamer de ses commettants les pouvoirs qui lui manquaient pour y procéder, et qui lui furent également accordés sans hésitation. C'était déroger à tous les principes, ainsi que j'ai pris soin de l'indiquer dans une autre occasion; mais personne ne s'en fit scrupule; personne même ne le remarqua. Tout s'y passa comme de droit, mandats, citations, saisie de papiers et de pièces de conviction, interrogatoires et le reste.

En relisant ce document, inséré in extenso dans l'Annuaire de 1830, en voyant à quel point l'histoire, la polémique et la politique y contrastent avec la sévère impartialité des formes légales, la réserve du langage juridique, et la présomption d'innocence, je ne puis être que frappé, de plus en plus, du scandale et du danger d'armer le dénonciateur public des pouvoirs qui ne doivent appartenir qu'à la justice.

La commission concluait à la mise en jugement, sous le chef de haute trahison, des ministres signataires des ordonnances.

Quatre d'entre eux, MM. de Polignac, Peyronnet, Chantelauze, Guernon-Ranville, se trouvaient en état d'arrestation et déposés à Vincennes;

Les trois autres, MM. de Monbel, d'Haussez, Capelle, étaient hors de France.

La discussion fut ajournée au 29 septembre.

Cette perspective nous tombait mal à propos : un orage sourd grondait dans nos rangs; il faisait plus que gronder, il éclatait au dehors, à l'occasion des sociétés populaires dont nous commencions à être infestés.

Déjà la société des Amis du peuple, qui, tous les soirs, se réunissait au manège Pellier, avait pris une délibération tendante à inviter les ouvriers et la garde nationale à chasser les députés du Palais-Bourbon et les pairs du Luxembourg. Cités en police correctionnelle, comme chefs d'une association non légalement autorisée, M. Hubert, son président, et M. Thierry, secrétaire dudit président, refusaient d'y comparaître, sous prétexte que l'article 294 du code pénal était implicitement abrogé.

Cette prétention était soutenue timidement dans l'intérieur du cabinet par M. Laffitte et M. Dupont, timidement à la Chambre des députés par les plus honnêtes du côté gauche. M. Guizot, provoqué sur ce terrain, en fit justice aux grands applaudissements du côté droit, et le quartier marchand où le nouveau club tenait ses assises fit plus encore, si ce n'est mieux : les gros bonnets des boutiquiers et de la garde nationale mirent la main sur le manège et mirent l'auditoire à la porte. La justice ne vint qu'après coup et condamna les récalcitrants à trois mois de prison et 300 francs d'amende.

Mais l'affaire n'en demeura pas là !

Benjamin Constant, membre du gouvernement, puisqu'il siégeait au conseil d'État en qualité de président de section, sans s'expliquer sur la légalité de l'article 294, prit fait et cause en faveur des assemblées populaires, et soutint que leur langage séditieux était justifié et au delà par la faiblesse du ministère et ses ménagements imprudents envers le parti vaincu.

Encouragé par ce bon exemple, plus libre d'allure et de position, M. Mauguin se hâta de demander, en des termes qui l'auraient fait rappeler à l'ordre par tout autre président que M. Laffitte, qu'une enquête fût instituée sur l'état du pays et la conduite du ministère; proposition qui ne fut point écartée par l'ordre du jour, mais renvoyée au 29 septembre.

C'était, pour nous, un premier échec, et de la part de notre majorité un acte de timidité sinon d'abandon, et ce fut sous de tels auspices qu'intervint la discussion sur la mise en jugement des ministres.

Elle ne prit qu'un seul jour.

La défense, entreprise avec loyauté et soutenue avec courage par les principaux de la droite, porta non point sur le fond même des choses, on faisait bon marché des ordonnances, mais sur cette proposition plus spécieuse que solide, à savoir qu'en faisant peser sur Charles X la responsabilité des actes imposés par lui à ses ministres, on avait implicitement dégagé la responsabilité de ceux-ci; qu'à les frapper, il y aurait désormais *bis in idem.*

Erreur : Charles X n'avait point été puni, et ses ministres devaient l'être.

La déchéance n'était point un châtiment, c'était un divorce — divorce rendu inévitable par la nature de la personne royale et le cours des événements — un divorce, la contre-partie du mariage entre la nation française et la maison de Bourbon, légitime au même titre entre les mêmes parties, poussé jusqu'à celle de ses conséquences qui le rend nécessaire, mais non au delà.

C'est ce qui fut très bien compris.

On vota par assis et levé sur chaque chef d'accusation, et au scrutin secret sur chaque accusé.

Le scrutin donna pour résultat :

	Pour	Contre
M. de Polignac.	244	47
M. Peyronnet	232	54
M. de Chantelauze.	222	75
M. Guernon-Ranville.	215	76
M. d'Haussez	213	65
M. Capelle.	202	61
M. de Monbel.	187	69

Que serait-il arrivé s'ils étaient restés tous les sept près de Charles dans sa traversée de Rambouillet à Cherbourg? Leur présence aurait-elle compromis la personne du roi, ou la présence du roi protégé et assuré leur retraite?

Qui peut le dire?

Au jour nommé, 29 septembre, s'ouvrit dans la Chambre des députés le champ clos où se devait vider la querelle entre le ministère et l'opposition, c'est-à-dire entre ce qu'on nommait déjà le parti de la résistance et celui du mouvement, entre les satisfaits et les mécontents, entre ceux qui n'aspiraient qu'à terminer la révolution et à s'en tenir là et ceux qui prétendaient en poursuivre les conséquences et les pousser à outrance.

Les deux partis n'existaient pas seulement dans la Chambre, ils existaient à grand bruit dans le pays, et à petit bruit dans le ministère lui-même. M. Laffitte, M. Dupont (de l'Eure), et M. Bignon inclinaient au mouvement, c'est-à-dire à l'exclusion de plus en plus exercée contre les serviteurs du régime déchu, à l'extension de plus en plus prononcée en fait de réformes politiques et sociales; les autres ministres tenaient ferme à la résistance, c'est-à-dire à l'impartialité et aux ménagements envers les personnes, et à la défense, pied à pied, de ce qui nous restait de principes d'ordre et de garanties.

La discussion étant, dans les circonstances où nous nous trouvions, ce que les Anglais nomment *ominous,* c'est-à-dire grosse de conséquences immédiates ou prochaines, et personne n'étant encore bien décidé à rompre avec personne, naturellement l'attaque, dirigée, en apparence, contre le ministère tout entier, ne devait guère porter que sur la partie résistante; c'était celle-là qui devait principalement être appelée à défendre la conduite commune et devait, pour bien faire, en charger les moins compromis de ses membres qui conservaient encore tant soit peu de popularité.

C'est effectivement ce qui arriva.

Développée par son auteur, la proposition de M. Mauguin ne fut guère autre chose qu'un acte d'accusation en règle, sauf quelques compliments à l'adresse de M. Dupont (de l'Eure), et de plus, tout un programme de gouvernement tout aussi pratique que le gouvernement de Salente, qui fait les délices de l'enfance lorsqu'elle apprend à lire dans le *Télémaque.*

Ce dont M. Dupont était surtout félicité, c'était

d'avoir préparé la guerre civile entre les nouveaux parquets et la magistrature assise composée des juges de Charles X ; ce dont les autres ministres et surtout le ministre des finances étaient coupables, c'était de n'avoir pas fait maison nette de tous les commis, de tous les comptables en état de dresser un procès-verbal et de tenir des écritures en partie double, et en outre de n'avoir pas changé d'un trait de plume et d'un coup de baguette toute la face du pays.

Ainsi présenté, l'acte d'accusation ne fit pas fortune. Il fut souvent interrompu par des éclats de rire. A peine soutenu par M. de Salverte et par Benjamin Constant, qui n'y vit qu'une occasion de ferrailler contre le gouvernement dont il faisait partie, livré aux sarcasmes et aux boutades de maître Dupin, il fut en définitive assez gauchement retiré par son auteur. Mais l'événement de la séance, ce fut le discours de M. Casimir Perier qui la termina.

Prenant, à son tour, occasion du plan de conduite mi-partie utopique et révolutionnaire qu'avait tracé M. Mauguin, M. Perier, après l'avoir flagellé de très haut et traité avec un juste mépris, traça lui-même, également de très haut, le plan qu'il convenait de suivre. Il le fit à grands traits, avec un mélange d'élévation dans les idées et d'autorité dans le langage qui préludaient dignement au rôle qui lui était réservé et au poste qu'il devait bientôt occuper.

L'assentiment fut universel. C'était un vrai succès, un succès de bon aloi; mais ce fut un succès qui prépara et précipita notre chute, en rendant plus vive et plus difficile à ménager la rivalité entre M. Perier et M. Laffitte.

Cette rivalité datait de loin, elle remontait aux meilleurs jours de la Restauration.

Tous deux banquiers, tous deux riches et magnifiques, tous deux libéraux et populaires, ils avaient pris une part à peu près égale aux luttes des partis, et une part à peu près égale à la révolution. La première réunion des députés s'était tenue chez M. Perier; la plupart des réunions subséquentes chez M. Laffitte. M. Perier avait été le membre principal de la commission municipale, M. Laffitte le plus enclin à pousser la révolution jusqu'au bout. Quand la Chambre des députés, réunie en nombre suffisant, en vint à se constituer, les suffrages pour la présidence s'étaient partagés entre l'un et l'autre: M. Perier l'avait emporté de quelques voix; plus tard, M. Perier pensant, avec raison, que la position de membre du cabinet n'était guère compatible avec celle de président de la Chambre élective, et s'en étant démis, M. Laffitte avait trouvé bon, tout membre du cabinet qu'il était aussi, de le remplacer. Rien d'étonnant donc, lorsque le grand succès que M. Perier venait d'obtenir semblait le désigner dans tous les esprits pour devenir chef du cabinet et premier ministre, que la pensée de l'y devancer se soit présentée à M. Laffitte, et qu'il ait commencé à la mettre en avant par les amis dont il disposait et les brouillons, les braillards dont disposaient ses amis.

Dès que je vis percer ce dessein, je vis où il tendait et j'en appréciai les conséquences. Notre cabinet, je l'ai dit, était divisé : d'un côté, une majorité numérique modérée, sept contre quatre ; de l'autre, une minorité populaire, et puisant sa force dans l'effervescence du moment. A ces conditions, la partie était à peu près égale, la résistance faisait équilibre au mouvement et, tout précaire qu'il fût, le *statu quo* pouvait durer encore quelque temps; mais, si la majorité numérique avait la faiblesse de se donner pour chef ostensible, et dès lors pour porte-drapeau, le personnage le plus en évidence de la minorité, par cela seul elle abdiquerait, et chacun des membres qui la composaient, perdant à peu près son caractère, perdait en même temps son autorité; tout s'en irait à la dérive jusqu'au moment où tous seraient également entraînés par la marée montante d'une nouvelle révolution.

Je résolus, à part moi, de ne m'y prêter à aucun prix, et de préférer, le cas écheant, de livrer le pouvoir au parti du mouvement, sauf à le combattre de front et à visage découvert. Mais nous n'en fûmes pas là tout de suite. L'équilibre continua, sinon à se maintenir, du moins, à se traîner péniblement durant la première quinzaine d'octobre.

La Chambre des députés, dépeuplée par les démissions et les retraites à petit bruit, menacée dans son autorité, voire même dans son existence soit du dehors, soit dans son propre sein, demandait à grands cris des élections nouvelles qui lui rendissent un peu de courage et lui remissent un peu de sang nouveau dans les veines; en attendant, elle demandait un peu de répit, chacun avait laissé son chez soi brusquement et voulait donner un coup d'œil aux affaires de sa famille et de son ménage.

Pour donner quelque satisfaction à cet entraînement général, gouvernement et chambres, chacun se mit en quatre, chacun se prêta, si l'on ose ainsi parler, à mettre les morceaux doubles, à expédier, au pas de course, des projets et des résolutions qui n'auraient pas passé, dans d'autres circonstances, sans être criblés de discussions.

Je me contenterai de les indiquer.

1° Loi qui défère au jury la connaissance des délits de la presse et des délits politiques (cette loi avait pris naissance dans le sein de la Chambre des pairs);

2° Loi sur l'importation des grains ;

3° Loi sur les prêts au commerce et à l'industrie (30 millions);

4° Loi provisoire sur les impôts indirects.

Exposé sur l'état des relations extérieures par M. Molé;

Exposé sur l'état de l'armée par le maréchal Gérard;

Rapport de M. Bérenger sur l'abolition de la peine de mort.

Ce rapport devint l'objet d'un débat court, substantiel; favorablement accueilli, ses conclusions aboutirent, sur la proposition de M. Dupont (de l'Eure), adoptée à la presque unanimité, en une adresse au roi qui promettait tout, sans rien compromettre.

Le 10 octobre, après avoir reçu la réponse du roi, la Chambre s'ajourna indéfiniment, le délai de la prorogation ne devant pas dépasser néanmoins le 10 du mois de novembre.

Cet intervalle fut consacré aux élections dans cinquante-cinq départements, c'est-à-dire dans les deux tiers de la France. Les vacances s'élevaient au chiffre de cent trente-cinq, elles provenaient des démissions successives. Les élections furent partout calmes et régulières; les choix favorables non seulement au gouvernement en général, mais à la majorité du ministère.

C'eût été, pour nous, un bon renfort, mais les événements ne nous permirent pas d'en profiter. Les événements firent éclater au grand jour non seulement la division qui fermentait dans le sein du ministère, mais celle qui se préparait dans chaque ministère.

Je ne fus pas le dernier à m'en apercevoir.

M. Benjamin Constant, ainsi que je l'ai dit, était président de la première, c'est-à-dire de la plus importante section du conseil; il ne nous avait jamais fait, je l'ai dit encore, l'honneur d'y siéger, il employait autrement son loisir. Un matin, deux ou trois jours avant l'ajournement de la session, le roi me remit deux papiers qu'il venait de recevoir ; l'un était un plan de réforme du conseil d'État, qui l'érigeait en tribunal inamovible avec publicité de ses séances ; l'autre une lettre particulière, par laquelle l'auteur de ce plan informait le roi de la résolution où il était de transformer ce projet en proposition à la Chambre des députés, en lui faisant savoir que lui, Benjamin Constant, tiendrait pour autorisation l'absence de réponse.

Le roi en était, non sans raison, fort blessé.

Je pris les deux papiers que j'ai conservés.

En arrivant à la Chambre des députés, je me bornai froidement à les placer sous les yeux de leur auteur, sans lui demander d'explication, et le laissant juge du procédé ; puis, sans écouter les excuses qu'il essayait de balbutier, je lui tournai le dos et je m'éloignai.

Je m'attendais à recevoir dans la matinée sa démission. Il n'en fut rien ; mais mon parti était pris. Je n'eus pas le temps de pourvoir à son remplacement ; on le comprendra en lisant ce qui suit. J'emprunte le récit de l'*Annuaire historique;* il est exact de point en point.

« Le 17 octobre, au sortir d'une revue où toute la garde nationale de Versailles avait témoigné beaucoup d'enthousisame et de dévouement, le roi trouva son palais assiégé par une foule furieuse qui lui demandait à grands cris la tête des ministres, déjà traduits devant leurs juges. Ces démonstrations prirent un caractère plus menaçant dans la journée du 18 octobre, où un rassemblement de trente à quarante individus se dirigea, en plein midi, sur le Palais-Royal, avec un drapeau sur lequel on lisait cette inscription : *Désir du peuple. Mort aux ministres.* La garde nationale de service prit les armes, arrêta le porte-étendard et quelques-uns de ceux qui l'escortaient ; mais des groupes plus nombreux se portèrent le soir dans les cours du Palais-Royal, en poussant les cris : *A bas les ministres ! la tête de Polignac !* et même, dit-on, quelques *vive la République !* et des outrages grossiers contre la personne d'uroi jusque sous ses fenêtres. Le poste de la garde nationale prit les armes, fit évacuer les cours et le jardin, dont les grilles furent fermées. Quelques-uns de ceux qui paraissaient diriger ces bandes furent arrêtés, mais les autres ne furent point découragés. Ils se dirigèrent par les routes les plus populeuses et le faubourg Saint-

Antoine, où les ouvriers se joignirent en assez grand nombre au rassemblement, sur le château de Vincennes, où les ministres étaient enfermés jusqu'à leur jugement, sous la garde du général Daumesnil.

» Il était environ dix heures du soir, lorsque huit à neuf cents individus se présentèrent à la première porte, armés, quelques-uns de fusils et de sabres, la plupart de bâtons ferrés, ayant à leur tête un homme à cheval et le même drapeau qu'au Palais-Royal. Le général se fit ouvrir la porte et se présenta seul au devant de la colonne; il demanda aux jeunes gens qui paraissaient la diriger ce qu'ils voulaient. Nous voulons la mort des ministres, répondirent-ils. Mais le brave qui avait défendu Vincennes contre cent mille étrangers n'était pas homme à céder devant une bande de factieux. Il leur répondit qu'il ferait sauter le donjon plutôt que de leur livrer les ministres confiés à sa garde et dont il répondait à l'État. Cette réponse appuyée de quelques démonstrations vigoureuses imposa aux factieux qui se retirèrent en criant : « Vive le général à la jambe de bois ! » avec un tambour qu'il leur avait donné pour les reconduire à la barrière du Trône, et qu'ils forcèrent ensuite à les suivre.

» Rentrés à Paris, non sans quelque désordre dans leur marche nocturne, échauffés par la fatigue et le vin qu'ils prenaient dans les cabarets sur leur passage, ils se représentèrent vers deux heures et demie du matin aux portes du Palais-Royal, dans l'intention de redemander ou de faire relâcher leurs camarades, arrêtés dans la soirée. L'alarme fut grande; les détachements qui s'y étaient portés la veille s'étaient retirés; mais quelques compagnies de la 6ᵉ légion avaient suivi le mouvement des factieux et le colonel Marmier de la 1ʳᵉ légion, averti de leur arrivée, avait remis sur pied un fort détachement de sa légion, avec lequel il se portait, au pas de course, au secours du Palais-Royal, qui n'était défendu que par un demi-bataillon de la 5ᵉ, en sorte que les factieux, se trouvant cernés des deux côtés, par la rue Saint-Honoré et par les rues adjacentes, furent bientôt réduits à se rendre à discrétion. On se contenta d'arrêter une centaine des plus mutins, parmi lesquels était l'homme à cheval qui semblait les diriger, et qui furent à l'instant conduits à la préfecture de police; quelques-uns furent traduits à la cour d'assises et punis seulement de quelques mois de prison. »

Le lendemain, à neuf heures du matin, le roi descendit de ses appartements dans la cour du Palais-Royal, accompagné du prince royal, du général La Fayette et du maréchal Gérard, ministre de la guerre, au moment où les postes de la garde nationale allaient être relevés, et, faisant rassembler ces braves citoyens autour de lui, il les remercia du zèle, de la promptitude et du bon esprit avec lesquels ils avaient réprimé la ridicule tentative d'agitateurs insensés.

« Ce que je veux, c'est que l'ordre public cesse d'être troublé par les ennemis de cette liberté réelle, et des institutions que la France a conquises, et qui peuvent seules nous préserver de l'anarchie, et de tous les maux qu'elle entraîne à sa suite. »

Mais, tandis que le roi se félicitait ainsi d'avoir échappé aux furieux qui prétendaient le contraindre à leur livrer la tête des ministres, Monsieur son garde des sceaux faisait insérer au *Moniteur*, sans en prévenir ses collègues, un article qui promettait, ou à peu près, que la justice aurait son cours, et renvoyait aux calendes grecques le vœu exprimé par la Chambre des députés ; et le préfet de la Seine, encouragé par ce bel exemple, et pressé d'employer sa popularité au service du bon ordre, publiait, de son côté, une proclamation conçue en ces termes :

« Vos magistrats sont profondément affligés des désordres qui viennent troubler la tranquillité publique. Ce n'est pas vengeance que demande le peuple de Paris, qui est toujours le peuple des trois grands jours, le peuple le plus brave et le plus généreux de la terre, mais justice. Une démarche inopportune (l'adresse de la Chambre des députés) a pu faire supposer qu'il y avait concert pour interrompre le cours ordinaire de la justice à l'égard des anciens ministres ; des délais qui ne sont autre chose que l'accomplissement des formes qui donnent à la justice un caractère plus solennel sont venus accréditer, fortifier cette opinion. De là cette émotion populaire qui, pour les hommes de bonne foi, les bons, n'a d'autre cause qu'un véritable malentendu. Je vous déclare donc en toute assurance, mes concitoyens, que le cours de la justice n'a été ni suspendu ni interrompu, et ne le sera pas. »

De telles déclarations faites au nom du gouvernement n'étaient manifestement autre chose qu'un blâme infligé à la très grande majorité de la Chambre des députés, et une rétractation des engagements pris envers elle, pour la déterminer à substituer une simple adresse au roi à la proposition de M. de Tracy. C'était bien plus, c'était un engagement contraire pris envers l'émeute de la veille.

De là, comme on le pense bien, la discorde au sein du conseil.

M. Dupont (de l'Eure), tout en reconnaissant du bout des lèvres qu'il aurait mieux fait de consulter ses collègues avant de les engager par un article officiel, maintint, en substance, l'article lui-même, et refusa d'admettre la nécessité de désavouer et de révoquer le préfet de la Seine; M. Guizot y insista, et le ministère entra en pleine dissolution.

Ce fut alors, dans les allées et venues, dans les pourparlers et les incidents qu'entraîne forcément un tel état des personnes et des choses, que M. Laffitte introduisit, à titre de conciliation amicale, l'idée de substituer au changement de ministère la refonte du ministère actuel sur un plan nouveau, lequel consistait, sauf quelques remaniements de détail, à donner au ministère un chef, sous le nom de président, ce qui lui donnerait de l'unité, de l'ensemble, et maintiendrait la subordination entre ses membres aussi bien que dans l'intérieur de chaque département ministériel.

Cette proposition, accueillie par le roi, qu'elle dispensait des embarras qu'entraîne tout changement de ministère, vivement soutenue par son auteur, et pour cause, froidement par le reste du conseil, aurait peut-être passé, de guerre lasse, si je ne l'avais arrêtée tout court, *in limine litis*.

« Il ne s'agit pas ici, dis-je nettement, de savoir qui sera ministre, ni comment sera constitué le ministère, mais de savoir quelle conduite on se propose de tenir; si l'on entend désormais continuer à résister, avec modération et fermeté, au mouvement qui nous entraîne, après nous avoir placés à sa tête, ou bien nous placer à sa queue, et le suivre en l'amadouant par des concessions et des compliments, par des promesses et, par des caresses. Il est possible que ce dernier parti soit le meilleur, peut-être même le seul praticable, et, dès lors, on ne saurait mieux faire que de placer à la tête du ministère un chef qui le professe; mais il faut que ce chef soit secondé par ses collègues qui l'assistent et ne contrarient ni ses actes ni ses desseins. Si ce chef doit être M. Laffitte, j'y consens, pourvu qu'il soit chargé de choisir lui-même ses collègues, et je prévois que, ne partageant pas son opinion, je ne saurais lui promettre ni lui prêter mon concours. »

Cet argument à bout portant fit son effet. Il obligea M. Laffitte, je ne dis pas à se démasquer, mais à se découvrir, à manifester ses prétentions et à expliquer ses vues. Il n'en fallut pas davantage pour rendre le remaniement du ministère impossible. M. Guizot offrit sa démission comme moi, et le roi accepta l'une et l'autre. M. Laffitte, désormais chargé, en titre d'office, de la présidence, employa plusieurs jours à essayer de se recruter un ministère dans les débris de celui qui se retirait; il n'y réussit que très imparfaitement. Le roi exerça son ascendant sur le maréchal Gérard et le général Sébastiani; M. Louis et M. Molé résistèrent à toutes ses sollicitations. J'assistai, à peu près sans y prendre part, aux délibérations qui précédèrent la formation du nouveau ministère. Il eut cela de bon que les ministres sans portefeuille n'y figurèrent plus. M. Laffitte, président du conseil, remplaça M. Louis aux finances; le maréchal Maison, M. Molé; M. de Montalivet, M. Guizot. M. de Montalivet était un très jeune homme, à peine avait-il atteint l'âge de sa majorité politique à la Chambre des pairs; mais il se trouva que, choisi à titre de pis aller, ce fut un excellent choix; il a rendu, dans plus d'une occasion difficile et critique, les services les plus signalés. M. Mérilhou fut mon successeur; c'était un avocat libéral, *factotum* à la chancellerie, de mœurs équivoques, d'un esprit court, étroit et dépourvu de lumières comme d'instinct politique.

Ces choix furent insérés au *Moniteur*, le 2 novembre, mais le ministère ne fut définitivement constitué et installé que le 17 :

M. Laffitte, ministre des finances;

M. Dupont, garde des sceaux;

Le général Sébastiani, ministre des affaires étrangères;

Le maréchal Soult, en place du maréchal Gérard, à la guerre;

M. d'Argout, à la marine en place du général Sébastiani;

M. de Montalivet, à l'intérieur;

M. Mérilhou, à l'instruction publique et aux cultes.

En me séparant du roi, le 22 au matin, j'eus à subir, de sa part, des reproches assez vifs. J'étais la cause de la dislocation du ministère. J'avais rendu inutile, voire même impossible toute tentative d'y porter remède. Le roi avait raison, mais je n'avais pas tort. C'est ce dont il convint lui-même. « Il vous faut nécessairement, lui dis-je, en passer plus tôt ou plus tard, mais pour un temps plus ou moins court, par le parti du mouvement. Le plus tôt est le mieux, car vous avez encore par vous-même un fonds de popularité de bon aloi pour résister à la fausse popularité du moment, et une majorité saine dans la Chambre des députés, qui contiendra le mauvais parti. Si vous le laissez arriver peu à peu à la sourdine, sous l'apparence d'une approbation officielle, vous lui préparez un long avenir ; endormant la résistance, vous ne pourrez lui faire appel qu'après de longues souffrances et quelques désastres ; si vous compromettez vos bons serviteurs en fausse voie, ils perdront tout crédit auprès des gens sensés, et, le moment venu, n'inspireront à personne ni courage ni confiance. Dans l'état présent, je ne donne pas deux mois à M. Laffitte et à M. Dupont (de l'Eure) pour gouverner comme ils l'entendent et pour donner eux-mêmes leur langue aux chiens. Le roi aura alors sous la main des hommes qui auront soutenu leur drapeau, et derrière lesquels les gens de bon sens se rallieront avec zèle. Si vous leur demandez de mettre leur drapeau dans leur poche et de faire chorus avec les braillards, qui vous viendra en aide au moment du danger, et à quoi vous seront-ils bons ? »

Le premier moment d'humeur passé, au fond le roi était de mon avis, nous nous quittâmes bons amis. Je quittai moi-même, le même jour, l'hôtel de la rue de Grenelle, non sans quelque regret, j'en conviens.

Ce n'était pas le ministère que je regrettais; l'ambition n'a jamais été ni mon fort ni mon faible; ce n'était pas non plus la position que j'occupais, on a pu voir que je ne m'étais point fait illusion sur ce qu'elle avait nécessairement de fâcheux et de précaire; mais je m'étais chargé, comme on l'a vu, avec un dévouement qui n'était pas sans quelque patriotisme, de protéger contre l'entraînement révolutionnaire trois départements dont l'existence même était plus ou moins compromise :

Le Conseil d'État;

L'Université;

Le culte catholique.

Je m'étais chargé de les rétablir sur un pied stable, à l'abri des violences et des insultes, en les dégageant de tout ce dont la Restauration les avait embarrassés ou défigurés. Je m'étais mis à l'œuvre de tout cœur, et non sans espoir d'y réussir; il me fallait encore deux ou trois mois pour en venir à mes fins. Ce fut donc un sacrifice que je fis en hâtant la chute du ministère dont je faisais partie, et je n'en prendrai pas congé sans indiquer rapidement quels étaient les projets que j'avais formés et même entamés.

I. J'avais trouvé, on peut s'en souvenir, le conseil d'État à peu près éliminé de notre régime politique. Le roi lui gardant rancune de quelques décisions relatives à ses affaires personnelles, et le duc d'Orléans tenant bon dans Louis-Philippe un peu plus que dans Louis XII, la royauté l'abandonnait à son mauvais sort. Le garde des sceaux, M. Dupont, en préparait la suppression, tout en consentant, néanmoins, à ce que le comité du contentieux, provisoirement maintenu, expédiât l'arriéré des affaires courantes.

Mon premier soin, on peut s'en souvenir également, fut de remettre sur pied le conseil d'État, de le remettre sur pied officiellement, solennellement, puis de le remettre en honneur en le composant d'hommes justement considérés pour les talents et les lumières, pour le savoir et l'expérience. Les sacrifices que je fus obligé de faire, en ceci, aux hommes et aux idées du moment, furent rares, sans importance réelle, ou promptement réparés. Je pourrais le prouver par la correspondance que j'ai entretenue et conservée avec ceux des membres de l'ancien conseil d'État dont je m'étais séparé avec regret.

Après avoir ainsi rétabli le conseil d'État et lui avoir donné, par l'éclat de son personnel, autant de relief que le comportait la difficulté des circonstances, au lieu de le laisser languir dans la position subalterne d'un simple bureau collectif, si j'ose m'exprimer de la sorte, j'en fis un corps, un corps véritable, en donnant à ses membres une véritable tête, en l'associant nécessairement et de plein droit au mouvement général des affaires grandes et petites, en y plaçant l'initiative de ce mouvement incessant et multiple, en le préparant à devenir par le cours et la force même des choses ce qu'est, en Angleterre, le conseil privé, un lien souple et continu entre les pouvoirs publics, l'œil et le bras de l'autorité suprême, un point de ralliement, un élément de conciliation entre les partis qui se succèdent tour à tour. On peut voir dans le livre qui m'a presque valu récemment une poursuite correctionnelle quelles étaient sur ce point mes idées et mes espérances.

Mais, pour en venir à mes fins en cela, ou du moins pour en frayer la voie, il fallait avant tout déblayer le terrain; il fallait restituer à la justice ordinaire tout ce dont le conseil d'État de l'Empire et celui de la Restauration l'avaient dépouillée, coup sur coup et comme à l'envi, sous le vain prétexte de contentieux administratif; poser à nouveau sur cette matière les vrais principes, tels que je les avais expliqués moi-même quelques années auparavant, et faire pour la première fois de ces principes une application intelligente et sévère, c'était un travail immense et qui touchait à tout. Il me fallait, par là, réduire à son minimum toute occasion de conflits entre l'administration et la justice, et restituer le peu qui en pourrait subsister à l'arbitrage de la cour de cassation. Il me fallait enfin rayer et biffer de nos institutions cet article 75 de la constitution de l'an VIII qui en est l'opprobre et la dérision, rendre à la justice son cours légitime à l'égard des fonctionnaires publics, affranchir le conseil d'État de la honteuse mission de les protéger contre les conséquences de leurs méfaits, et substituer à ce qu'on nomme la garantie des fonctionnaires publics un système de poursuite régulière, libre et sensé, tel que je l'ai fait prévaloir plus tard dans un projet de loi sur la responsabilité des ministres qui fut trouvé trop libéral pour être adopté. J'y reviendrai en temps et lieu.

J'avais confié le travail dont il s'agit au nouveau comité de législation, dont M. Benjamin Constant était, dans son dédain superbe, le très inutile président. J'y avais adjoint, *ad hoc*, les plus experts des maîtres des requêtes anciens et nouveaux, ceux dont j'avais le plus à craindre la routine et la résistance. Pendant deux mois, j'ai présidé moi-même, chaque matin, ce comité, pendant plusieurs heures, préparant son travail, dirigeant ses discussions, minutant de ma main ses décisions. J'ai sous les yeux, en ce moment, l'énorme cahier des procès-verbaux de ces discussions, l'énorme cahier de ces décisions, rédigées en projet définitif et le projet d'ordonnance en cent articles, ni plus ni moins, qui le coordonne et le résume.

Je tiens, après trente-cinq ans d'études et d'expérience, ce projet pour à peu près bon dans la diversité et la multiplicité de ses parties.

II. — En ce qui touche l'instruction publique, ou, pour ne pas trop étendre le champ de mon activité personnelle, en ce qui touche, à proprement parler, l'Université, ma tâche était plus limitée et plus accessible. Pour un ministère éphémère comme le nôtre, et pour moi surtout plus éphémère encore, il ne pouvait être question de porter la main sur l'arche sainte, je veux dire sur l'œuvre même du grand empereur.

Si l'on était curieux de savoir quels auraient été mes vœux et mes tendances en pareille matière, si j'avais été appelé à leur donner cours et à tailler en plein drap, on s'en pourrait enquérir en consultant l'écrit que je rappelais tout à l'heure, et le grand rapport sur l'instruction secondaire que j'ai soumis, plus tard, à la Chambre des pairs. Mais nous n'en étions pas là, à beaucoup près. Je devais me borner pour le moment à réparer les brèches faites à l'œuvre impériale par l'administration de M. de Corbière et par celle de l'évêque d'Hermopolis, à rendre au corps universitaire sa consistance et son intégrité, soit en réintégrant les membres illégalement exclus, soit en écartant les intrus illégalement introduits, puis enfin à protéger l'établissement lui-même contre les assauts que l'esprit révolutionnaire se préparait à lui livrer.

C'était bien assez à coup sûr.

Sur le premier point nulle vraie difficulté. Le plus fort était fait. Confié, tant qu'a duré le ministère Martignac, à l'activité habile et énergique de M. de Vatimesnil, le terrain était à peu près déblayé. Les méfaits, grands ou petits, des administrations précédentes avaient trouvé à qui parler. Il convient d'ajouter ici que le successeur de M. de Vatimesnil, quel qu'il soit devenu depuis, n'avait point d'abord quitté la bonne voie, et, dès lors, il ne me restait plus à moi-même qu'à suivre ces sages exemples, ou plutôt, puisque je le pouvais, qu'à faire enfin ce que le peu de crédit du ministère Martignac dans les hauts lieux, et la défiance qu'il inspirait au maître ne lui avait pas permis d'entreprendre.

On sait que l'École normale, ce grand séminaire du professorat universitaire, cette pépinière de l'avenir, fondée dès 1808 par le décret impérial, avait été supprimée d'un trait de plume, en 1821, sous prétexte de philosophisme, de jacobinisme, d'athéisme et autres *ismes* fort à la mode en ce temps-là; on sait qu'elle avait été remplacée par quelques douzaines de succursales installées dans les collèges royaux, puis, lorsque la misère de l'invention eut trop éclaté au grand jour, par une école préparatoire unique, assez mal bâtie, et à laquelle on n'eut garde de donner un nom suspect et mal famé.

Ce nom, je le lui rendis; je fis plus et mieux, je lui rendis ses prérogatives et son programme d'études, enrichi de tout ce qu'y pouvait ajouter de libéral l'expérience chèrement achetée du passé et les espérances du moment. Ce fut un travail auquel se livra, sur-le-champ, le conseil de l'Université que je présidais régulièrement.

Mais vint alors la pénible obligation dont mes deux derniers prédécesseurs s'étaient trouvés dispensés, je veux dire l'obligation de soumettre à une revision sévère les promotions faites, à tort et à travers, depuis la suppression de l'ancienne École normale. Il n'y avait à ce sujet qu'un cri dans le public lettré et dans les écoles, cri contenu à grand'peine sous le ministère Martignac, qui, lui-même, n'existait qu'à grand'peine, mais que rien maintenant n'empêchait d'éclater.

Contraint par justice autant que par politique de lui faire sa part, je pris pour règle de conduite de la lui faire aussi petite que possible, de maintenir dans leur position actuelle, quels que fussent leur défaut de mérite et leur impopularité, tous ceux qui l'auraient régulièrement obtenue, et d'exclure rigoureusement tous ceux qui n'y seraient parvenus qu'au mépris des conditions universitaires. Je n'évitai par là les reproches ni des uns ni des autres, moins encore ceux de leurs familles et de leurs protecteurs ; mais je tins ferme, et j'étendis à mon grand regret le principe d'exclusion jusqu'à l'abbé Nicole, ami de M. de Richelieu, rentré avec lui en 1814, et commensal de madame de Montcalm, sa sœur. Invité par cette dame, dont je n'avais pas l'honneur d'être connu, à me présenter chez elle et à l'entendre, j'en courus les risques et je n'en sortis pas sans lui avoir fait comprendre et presque approuver mes motifs. Il est vrai que je lui promis, de mon propre mouvement, une large compensation ; je lui promis d'engager le roi à proposer l'abbé Nicole pour le premier évêché qui viendrait à vaquer ; comme c'était un fort bon choix, je ne m'en fis aucun scrupule ; mais, longtemps avant l'échéance de cette promesse, j'avais quitté le ministère.

En sens inverse, les instances n'étaient pas moindres et je n'étais pas moins pressé par les uns de destituer que de conserver par les autres.

Le plus attaqué dans mon troupeau par le parti du progrès, qui le croirait? c'était l'illustre M. Poisson, le premier géomètre de l'Europe. Membre du conseil royal de l'instruction publique et chargé, à ce titre, du maniement de nos humbles finances qui n'exigeaient pas, à coup sûr, une tête aussi puissante, j'étais chaque jour sommé de frapper sur lui, qui le croirait encore? en qualité de jésuite. Ces choses allèrent au point qu'un matin je vis entrer dans mon cabinet un savant non moins illustre, M. Arago (il était alors des nôtres) pour me supplier de sauver M. Poisson, et de ne point céder à l'orage.

Je ne pus me défendre d'un grand éclat de rire. « Pour qui me prenez-vous? lui dis-je, et pensez-vous que j'aie envie de passer à la postérité pour avoir sacrifié M. Poisson, à titre d'adepte du frère Bauny ou de Saint-Ignace de Loyola? Ce serait une belle prouesse. »

M. Arago rassuré se prit lui-même à rire; mais telle était, au premier moment, la panique dans le monde savant, que je reçus, presque en même temps, une lettre de M. Cuvier, alors en Angleterre, lettre par laquelle il me recommandait sa position dans le conseil de l'instruction publique, en entrant dans des explications bien inutiles, à coup sûr, et dont son nom n'avait que faire. Je lui répondis par une lettre amicale, où je lui disais que le seul usage que je me permettrais de mon autorité sur lui, c'était de le rappeler sur-le-champ, parce que j'avais grand besoin de lui. Je le mis néanmoins à l'amende, à son débotté, en lui demandant avec instance un exemplaire de son admirable rapport sur les écoles primaires de Hollande, qu'on ne trouvait plus dans la librairie ; il m'envoya ou plutôt me remit son propre exemplaire. Je ne sais s'il me le donna, mais je suis sûr de ne le lui avoir jamais rendu ; il est encore dans la bibliothèque de Broglie : c'est le plus clair de mes concussions.

La présence et l'assistance de ces gros bonnets de la science ne me fut pas d'ailleurs d'un médiocre secours pour résister, non plus à la tendance illibérale et rétrograde de la Restauration, mais au contraire à la tendance ultra-libérale du régime nouveau.

De toutes parts, en effet, il n'était bruit, dans la partie soi-disant éclairée du soi-disant parti du progrès, il n'était bruit, dis-je, que de supprimer, à peu près, dans l'instruction publique, les études classiques, et de leur substituer un nouveau et plus grand développement des études scientifiques et professionnelles. Déjà M. de Tracy avait annoncé une proposition à ce sujet, qui n'était que trop conforme à l'état de nos mœurs et aux penchants d'une société démocratique.

« Dans un temps tel que le nôtre, ai-je dit ailleurs, dans un pays tel que la France actuelle, dans un temps, dans un pays où le niveau de l'égalité, après avoir passé rapidement sur toutes les têtes, tend à passer graduellement sur toutes les fortunes ; où la classe moyenne, c'est-à-dire la classe active et prépondérante, se recrute chaque jour largement dans la classe supérieure par la division des héritages, et dans la classe inférieure par l'accroissement de l'aisance ; où chaque homme a, pour ainsi dire, sa fortune à faire ou à refaire, ne fût-ce que pour la conserver ; dans un tel temps, disons-nous, dans un tel pays, il existe inévitablement un courant continu qui tend à faire descendre l'éducation libérale au rang de l'éducation professionnelle, à réduire les sciences à l'industrie et la théorie à la pratique ; ce que le père de famille demande à l'instruction publique, c'est de lui rendre ses enfants de bonne heure, puis de les lui rendre dégrossis pour quelque occupation lucrative.

» Ce courant abandonné à lui-même conduirait, par une pente certaine et prochaine, à l'abolition dans l'enseignement public de toute la partie désintéressée, c'est-à-dire supérieure, des études littéraires et scientifiques.

« Cinq et quatre font neuf; ôtez deux, reste sept.
— C'est bien dit; va, tu sais tout ce qu'il faut savoir, »

deviendrait notre devise; la société française se partagerait entre les gens de métier, les gens de loi et les gens d'affaires. Les études qui prennent du temps et ne mènent à rien, c'est le mot, tombées dans le décri, ne subsisteraient que comme un privilège de la richesse oisive ou une fantaisie de curieux.

» A quoi bon les études classiques, les prétendues humanités? Qu'a-t-on à faire de gaspiller huit ou dix ans à se barbouiller de grec et de latin? A quoi bon les mathématiques pures, la physique transcendante, la science pour la science?

Les savants ne sont bons que pour prêcher en chaire.

» Passe pour la chimie appliquée aux arts; pour

la mécanique appliquée à l'industrie, pour l'astronomie nautique. Que l'École polytechnique se borne à former de bons ingénieurs, des officiers d'artillerie qui sachent diriger une batterie, des officiers de marine en état de faire le point. Plus de droit romain ; n'avons-nous pas le code civil? n'en apprend-on pas cent fois d'avantage en griffonnant six mois dans l'étude d'un avoué, qu'en pâlissant sur *Gaïus* et sur les *Pandectes?* »

Ces réflexions, rédigées en ces termes longtemps après mon premier ministère, je les avais faites et mûries longtemps avant d'y entrer. Elles m'avaient été suggérées de bonne heure par l'état général des esprits et par la fréquentation des beaux parleurs de l'école soi-disant libérale, durant le cours réitéré de mes campagnes avec l'opposition de gauche ou de semi-gauche. J'avais toujours appréhendé cette tendance comme l'un des dangers de son avénement au pouvoir.

J'étais donc sur mes gardes en prenant charge d'âmes après la victoire de Juillet, et mon premier soin fut d'appeler sur ce danger l'attention du conseil. Composé comme il l'était définitivement, je le trouvai très disposé à me soutenir. M. Villemain et M. Cousin ne m'auraient pas permis de faiblir ou de faire fausse route, si j'en avais été tenté ; M. Cuvier, M. Poisson, M. Thénard étaient placés trop haut dans la science pour ne pas honorer les lettres qui en font le lustre et en dispensent la gloire. Vieilles colonnes de l'édifice universitaire, M. Rendu et M. Gueneau de Mussy n'étaient pas disposés à le laisser saper dans ses fondements ; tout aussi peu e lcorps des inspecteurs généraux, où l'on comptait M. Letronne, M. Ampère, M. Burnouf, M. Naudet. Je me trouvais donc bien soutenu pour résister à l'attaque dont nous étions menacés ; mais je compris tout de suite que le vrai, le bon moyen, c'était de ne pas l'attendre ; c'était de la devancer en annonçant, en préparant des réformes importantes dans le système général de l'enseignement, des réformes précisément contraires aux vues de nos adversaires, des réformes qui tendissent à relever, de plus en plus, l'ordre et le niveau des études, à donner de plus en plus de l'éclat et de l'ampleur aux travaux de l'intelligence.

J'avais suivi, en leur temps, avec autant d'admiration que d'envie, les grands mémoires de M. Cousin sur l'état et le progrès des universités en Allemagne ; j'avais amèrement déploré, avec lui, l'état déplorable de nos misérables facultés ; j'avais rêvé avec lui sur les moyens de les ressusciter un jour. Arrivé maintenant au pouvoir, ayant M. Cousin lui-même pour mon bras droit, il me semblait que le moment était propice et prochain pour passer du désir à l'œuvre et de la pensée à l'action. Afin toutefois de ne rien brusquer ni risquer, je crus devoir demander à M. Gans, l'un des plus illustres professeurs de l'université de Berlin, un travail *ex professo* sur ce sujet. Il s'empressa de répondre à ma demande, mais il n'eut le temps de le terminer qu'en ce qui concerne les facultés de droit. Ce travail, je l'ai conservé; en le parcourant, après tant d'années et d'événements, que de souvenirs ne réveille-t-il pas dans mon esprit!

J'écrivis, en même temps, à mon ami M. Rossi, illustre lui-même depuis à bien d'autres titres, mais alors d'un commun aveu le premier jurisconsulte que l'université de Bologne eût donné à l'Italie; je l'appelai à mon aide : mon dessein était de le placer à la tête des facultés de droit en France. J'obtins du conseil de l'Université d'abord, puis du roi, la création d'une chaire de législation comparée, la première en ce genre et sous cette dénomination qui dit tout, la première, dis-je, dont notre Université se soit avisée.

L'ordonnance qui conférait cette chaire à M. Rossi fut signée par le roi avant mon départ; mais M. Rossi ne l'occupa point, mon successeur n'ayant pas jugé à propos de contresigner.

Même chose ou à peu près m'arriva quant aux facultés de médecine.

Les ordonnances de M. Corbière, leurs conséquences et ses choix, avaient mis ces facultés dans un état de désarroi auquel le ministère Martignac s'était en vain efforcé de porter remède. L'enquête qu'il avait provoquée n'ayant abouti qu'à des querelles interminables, des récriminations incessantes et des projets contradictoires, force étant d'y pourvoir enfin, une commission avait été nommée pour préparer le travail; mais, en attendant, je crus bien faire de déférer aux vœux du conseil et du corps médical de Paris, en créant une chaire de plus, une chaire de pathologie dont le titulaire devait être M. Broussais, alors dans tout l'éclat de sa renommée. Je cédai d'autant plus volontiers à ce vœu que j'avais été, sur un tout autre terrain, son énergique contradicteur. J'en fis au roi la proposition; il l'agréa, l'ordonnance fut signée; mais elle eut, je ne sais pourquoi, le même sort que l'ordonnance relative à M. Rossi : restée entre les mains du roi, mon successeur l'y laissa sans contresigner.

Je ne négligeais enfin ni l'état de nos collèges, ni celui de l'instruction primaire, ni l'obligation qui nous était imposée par la charte d'établir sur des données solides et sensées la liberté de l'enseignement privé. J'avais posé verbalement la base d'un grand travail à ce sujet, et j'en avais chargé le plus ancien et le plus expérimenté de nos conseillers, le respectable M. Rendu, avec l'assistance et sous l'œil vigilant de M. Villemain et de M. Cousin.

On trouvera, dans mes papiers, les premiers brouillons de ce travail, déjà remis au net et lithographiés, préparés, plus ou moins, pour la discussion.

On y trouvera également le premier tracé d'un travail commencé avec M. Masson, dans le but de faire rentrer graduellement les finances de l'Université sous les règles de la comptabilité générale.

III. — Quelques mots maintenant sur mes rapports avec le clergé.

C'était là, du moins en apparence, la partie la plus délicate et la plus scabreuse de ma tâche. Le clergé de France, pris en corps, et sauf certaines exceptions individuelles, se regardait comme détrôné dans la personne de Charles X ; la prépondérance qu'il affectait plus encore qu'il ne l'exerçait, sous le règne de ce prince, et les démonstrations à l'aide desquelles il s'efforçait de l'étendre et de l'afficher, étaient un des principaux griefs de la nation contre les maîtres que la seconde restauration nous avait donnés, et cette prépondérance étant désormais perdue pour lui, à moins d'une troisième, nous devions le considérer, non comme un appui, mais comme un ennemi.

Ennemi redoutable, corps régulièrement établi, hiérarchiquement réparti sur toute la face du territoire, ayant ses chefs au nombre de près de cent, placés au premier rang dans chaque département, et ses soldats au nombre de près de quarante mille dans chaque paroisse, ayant dans chaque paroisse une tribune — la chaire — pour parler au peuple assemblé, et, dans chaque ménage, un *Moniteur* secret — le confessionnal — pour parler aux consciences.

Le clergé ne pouvait pas, sans doute, nous attaquer à force ouverte ; mais l'action universelle et continue de son autorité morale, de son influence pratique sur les esprits, venant, en temps de révolution, à l'appui de l'essor déréglé des libertés publiques, pouvait rendre de plus en plus difficile le rétablissement d'abord, puis le maintien de l'ordre public.

Ceux qui se rappellent quelle était, à l'époque dont je parle, l'attitude des princes de notre Église, quel était, entre autres, le langage tenu, même en chaire, par l'archevêque de Paris, M. de Quélen; ceux qui n'ont point tout à fait oublié le journal *l'Avenir*, et ces feuilles brûlantes, écrites, signées ou dirigées par M. l'abbé de Lamennais, devenu fougueux démagogue de fougueux révolutionnaire qu'il avait été jusque-là, ne trouveront certainement pas que j'exagère.

Comme il était impossible de rien faire et de rien changer à l'Église, placée, par sa propre nature et par le Concordat, heureusement à l'abri de toute atteinte, la difficulté de bien vivre, ou même simplement de vivre avec notre clergé tel que l'avaient fait les antécédents de quinze années, était, pour notre nouveau gouvernement, une affaire de conduite, de prudence et de temps.

Voici comment je l'entendais :

1° Éviter avec soin le moindre tort envers le clergé; ne lui donner aucun sujet de plainte réel ou simplement apparent;

2° Ne lui demander rien que de strictement légal ; rien qui ne soit manifestement conforme à ses obligations écrites et reconnues de lui-même ;

3° Prendre, autant que possible, ses actes et ses paroles en bonne part, sans tenter aucun rapprochement prématuré ;

4° Ne souffrir de lui rien qui déroge à ses devoirs et aux convenances, sans le relever dans un langage respectueux.

5° Savoir attendre, laisser agir le temps, la durée, le succès.

Je m'entendis avec les nouveaux préfets, et ce ne fut pas le plus aisé de ma tâche, attendu qu'ils étaient presque tous ou très novices ou très ardents ; je leur prescrivis de se tenir, envers les évêques et le clergé, dans une attitude sérieuse de réserve et d'expectation ; de ne rien demander, sinon que le *Domine salvum* fût chanté dans toutes les églises ; de ne rien exiger par delà la soumission aux lois ; de m'envoyer régulièrement copie ou exemplaire des instructions épiscopales, et de n'engager aucune affaire, en ce qui touchait la religion, sans m'en référer sur-le-champ et attendre ma réponse.

J'adressai aux archevêques et aux évêques une circulaire qui leur rappelait, en termes péremptoires, l'obligation de soumettre à l'approbation du roi les nominations aux cures, vicariats généraux et canonicats, obligation trop souvent oubliée sous la Restauration.

Je fis relever rigoureusement et dresser exactement le tableau des infractions volontaires apportées à l'exécution des célèbres ordonnances rendues par Charles X, sur la proposition du ministère Martignac (M. Portalis et M. l'évêque de Beauvais) et sous l'approbation expresse du saint-siège; ce tableau étant rendu public, j'en fis rapport au roi, et je lui proposai :

1° De tenir fermement la main, à l'avenir, à ces obligations;

2° De supprimer les bourses accordées aux petits séminaires dans le but et sous la condition explicite d'une exécution réelle et *bona fide*, bourses qui n'avaient servi qu'à étendre et à propager le désordre que les ordonnances avaient pour but de réprimer.

J'annonçai cette suppression aux évêques et aux archevêques; afin de ménager leur susceptibilité, je n'alléguai d'autre motif que l'embarras des finances et la nécessité des économies; mais, pour qu'on ne s'y méprît pas, j'engageai le roi à bien accueillir la demande du culte israélite, en instance pour obtenir d'être désormais salarié par l'État, comme tous les autres cultes officiellement reconnus, ce qui n'était que juste et raisonnable.

Pour bien attester enfin que, tout en respectant jusqu'au dernier scrupule les droits du clergé, je n'entendais pas laisser porter atteinte aux droits de l'État, je fis une exécution sur trois aumôniers placés par mon prédécesseur dans trois collèges de Paris.

Ces jeunes ecclésiastiques entretenaient une correspondance régulière avec M. l'archevêque de Paris, et lui dénonçaient avec une grande virulence leurs collèges et leurs professeurs, comme autant de foyers d'impiété et de corruption. Leur correspondance ayant été communiquée aux journaux ultra-catholiques, publiée et faisant grand bruit dans tous les partis, je les fis appeler et leur dis gravement :

« Vous rendez compte, ce me semble, à M. l'archevêque de Paris de l'état de l'enseignement dans vos collèges respectifs. J'ai lieu de me plaindre de n'en être informé que par les journaux. Je ne saurais admettre un tel droit que sous ces trois conditions, dont la simple délicatesse aurait dû vous avertir :

» 1° Que les plaintes par vous portées contre les professeurs de l'Université leur fussent communiquées, afin qu'il y pût être répondu ;

» 2° Qu'elles fussent conçues dans des termes dignes et respectueux ;

» 3° Qu'elles ne fussent rendues publiques qu'avec l'autorisation de l'établissement dont vous faites partie.

» Comment ces conditions ont été remplies, c'est vous-même que j'en fais juge ; vous-mêmes, dis-je, prenez, lisez au hasard. Puis-je laisser ainsi la guerre civile s'introduire dans les établissements dont la direction m'est confiée, et livrer à la diffamation des uns des autres les membres qui les composent presque sous les yeux de leurs élèves ? »

Tout en s'excusant, tant bien que mal, sur la publicité donnée à leurs rapports, mes trois interlocuteurs essayèrent de le prendre de haut envers moi, et de maintenir ce qu'ils nommaient leur indépendance ; mais je tins bon, et, rompant l'entretien, je les congédiai, en les prévenant de se tenir pour révoqués, et je fis connaître cette décision à M. de Quélen, en lui expliquant mes motifs, mais sans attendre ni demander de réponse.

Ces trois jeunes ecclésiastiques allèrent rejoindre

le bataillon de journalistes que M. l'abbé de Lamennais recrutait et dressait sous le drapeau de *l'Avenir*. Ils ont mieux fait depuis : l'un d'eux s'est acquis une juste célébrité dans la religion et dans les lettres ; il est devenu le père Lacordaire.

Je rencontrais, en même temps, sur ma route, une autre difficulté, une difficulté plus grave et plus épineuse, parce qu'elle ne pouvait être tranchée de haute lutte.

Durant les quelques mois qui précédèrent la chute de Charles X, trois sièges épiscopaux étaient devenus vacants. Leurs noms, je ne les retrouve ni dans ma mémoire, ni dans mes notes. Quoi qu'il en soit, il y avait été pourvu ; les choix avaient été agréés, et les successeurs préconisés en consistoire. Il ne restait plus qu'à les installer ; nous n'y faisions aucun obstacle, lorsque nous apprîmes tout à coup que les nouveaux évêques se refusaient tout net à prêter serment et n'en prétendaient pas moins qu'on procédât à leur installation malgré leur refus.

Là-dessus grande rumeur ; grand scandale dans le public et dans la presse.

En rendant compte au conseil de cet étrange incident, je trouvai le roi très irrité, le conseil au comble de l'indignation; tous les ministres, même les plus modérés, criaient à l'envi qu'il fallait faire un exemple, un grand exemple.

Mais cela était bientôt dit.

Que faire?

Nous n'avions pas qualité apparemment pour déposer des évêques régulièrement nommés, régulièrement, canoniquement institués.

Différer indéfiniment leur installation et les prendre, en quelque sorte, par famine, il aurait fallu pour cela s'entendre avec les chapitres, avec les vicaires capitulaires qui, sans doute, ne s'y seraient pas prêtés, en supposant qu'ils en eussent le droit.

L'affaire ayant été débattue avant mon arrivée, l'un des membres du conseil, M. Dupin, je crois, avait ouvert l'avis de faire saisir le revenu épiscopal jusqu'à prestation de serment, et cet avis semblait prévaloir.

Je m'y refusai péremptoirement. C'était un pur acte de violence, c'était agir sans l'apparence du droit, c'était chose sans exemple, sans antécédents qu'on pût invoquer avec l'ombre même d'une analogie. Prévoyant l'orage, j'avais préparé sur ce sujet un petit travail sans réplique, et, la discussion s'échauffant, j'ajoutai, me trouvant presque seul de mon bord, que ce serait commencer, de gaieté de cœur, la guerre avec l'Église, guerre que nul d'entre nous ne verrait peut-être finir ; et que, moi certainement ; je ne commencerais pas.

Le roi rompit les chiens selon son usage, ajourna le conseil, nous chapitra séparément ; puis, venu à moi, me prit à part :

« Au fait, me dit-il, que voulez-vous ? où entendez-vous en venir ?

— Je n'en sais rien encore, lui répondis-je ; mais je sais très bien ce que je ne veux pas ; je ne ferai pas, les yeux ouverts, une sottise énorme et gratuite. Nous avons affaire à trois récalcitrants que le corps du clergé ne soutient point jusqu'ici, et ne soutiendra point, selon toute apparence, si nous ne nous donnons aucun tort envers eux. Ils sont clairement, eux, dans leur tort ; l'obligation du serment leur est imposée, non par le roi, mais par le Concordat ; la formule du serment est réglée en propres termes ; c'est, d'ailleurs, celle qui a précédé le Concordat lui-même. Voici l'article :

« ARTICLE 6. — Les évêques, avant d'entrer
» en fonctions, prêteront directement, entre les
» mains du premier consul, le serment de fidélité

» qui était en usage avant le changement de
» gouvernement, exprimé dans les termes suivants :

« Je jure et promets à Dieu, sur les saints
» Évangiles, de garder fidélité au gouvernement
» établi par la constitution. Je promets aussi de
» n'avoir aucune intelligence, de n'assister à aucun
» conseil, de n'entretenir aucune ligue, soit au
» dedans, soit au dehors, qui soit contraire à la tran-
» quillité publique, et, si, dans mon diocèse ou ail-
» leurs j'apprends qu'il se trame quelque chose au
» préjudice de l'État, je le ferai savoir au gouver-
» nement. »

» En présence d'un pareil article, je ne puis, ajoutai-je, considérer la prétention des trois évêques que comme une lubie sans conséquence qui tombera d'elle-même devant la désapprobation du corps épiscopal, s'il est mis officieusement en demeure de se prononcer, et à plus forte raison devant le saint-siège, si nous en étions à réclamer son intervention, comme au temps du ministère Martignac et à propos des fameuses ordonnances. Nous serions ici beaucoup plus forts, ayant pour nous le Concordat textuel, et n'ayant contre nous qu'une fraction minime de l'épiscopat. Je suis convaincu que, cette fois, la simple menace d'en venir à cette extrémité suffira. Laissez-moi revoir et pérorer mes contumaces; mais, en attendant, ne compromettez pas ma besogne, et n'échauffez pas les esprits. »

Je revis mes gens, c'est-à-dire les trois évêques; je leur mis sous les yeux l'article du Concordat, et je les pressai de s'expliquer sur le motif de leur refus. Ce motif, ils me le déclarèrent en toute sincérité. Il répugnait à leur conscience de s'engager envers un gouvernement nouveau, et qui ne leur inspirait pas confiance, à l'informer de ce qui viendrait à leur connaissance au préjudice de l'État.

J'entrai dans leur idée. J'admis, sans difficulté, que la clause dont il s'agissait avait quelque chose de suspect et de regrettable; mais, en leur faisant observer qu'il ne dépendrait pas de nous de modifier un texte du Concordat; j'ajoutai que tout dépendait néanmoins du sens que le gouvernement y prétendait attacher, et que je prenais sur moi de leur garantir que le gouvernement, en leur imposant un serment de date presque immémoriale, ne leur demandait rien d'autre ni de plus que ce qu'il exige et qu'il est endroit d'exiger de tout Français exerçant une fonction publique : « Fidélité au roi, obéissance à la charte constitutionnelle et aux lois du royaume. » Qu'il était bien loin de notre pensée de transformer les évêques en délateurs et les confessionnaux en bureaux d'espionnage.

Cette explication suffit, et toute résistance cessa. Le nœud n'était pas *gordien*, et pour en venir à bout, il n'y fallait pas l'épée d'Alexandre.

En quittant l'hôtel ministériel le 3 novembre, après cinquante et un jours d'administration, je remis au roi la copie d'un travail régulièrement dressé sur l'état politique des diocèses; et je pus lui garantir que partout les rapports entre l'autorité civile et l'autorité ecclésiastique étaient ou restés ou rentrés dans l'ordre; que sur 28338 prêtres, 300 seulement avaient donné lieu à quelques plaintes; que sur 83 diocèses, il ne s'en trouvait plus que 22 en retard quant au *Domine salvum*, dont 13 annonçaient leur soumission prochaine, et 9 n'attendaient plus qu'un signal demandé à Rome, qui n'avait garde de se faire prier.

Je laissais par conséquent, sur ce point comme sur tout autre, les affaires en bon train et sur un bon pied.

IV

FIN DE L'ANNÉE 1830

Du 2 au 11 novembre, la situation nouvelle se développa, sans trop se dessiner toutefois ni s'éclaircir. Le maréchal Gérard, resté ministre de la guerre à son corps défendant et par affection pour le roi, ayant trouvé dans le maréchal Soult un successeur désormais de bonne volonté, et son égal, si ce n'est plus, en capacité comme en renommée, en profita pour lui faire place et vint partager notre retraite. Le général Sébastiani, resté jusqu'alors ministre de la marine en attendant, et, faute de mieux, ayant trouvé dans M. d'Argout un successeur bon à peu près pour toutes choses, en profita pour saisir au passage le portefeuille des affaires étrangères, qu'il convoitait fort, et auquel, d'ailleurs, il était fort propre. Le maréchal Maison qui n'avait reçu ce portefeuille qu'en dépôt, ou, si l'on veut, en entrepôt, le lui céda volontiers en échange d'une ambassade, voire même d'une simple promesse d'ambassade; nouvelle preuve, s'il en était besoin, qu'un ministère en voie de formation ne rencontre que des hésitations et des résistances, mais qu'un ministère une fois formé trouve facilement à se recruter : en cela, comme en tout, il n'y a que le premier pas qui coûte.

Devenu premier ministre, M. Laffitte se vit forcé de renoncer au fauteuil dans la Chambre des députés, à ce fauteuil qu'il avait d'abord disputé sans succès à M. Perier, et reçu plus tard de la bonne grâce de celui-ci. Comme ministre des finances, il avait pour second, en qualité de sous-secrétaire d'État, M. Thiers, à son début dans la carrière des affaires, et, pour conseiller bénévole, son propre prédécesseur, M. Louis, dont M. Thiers était l'élève.

Ce fut un arrangement dont nos finances se trouvèrent très bien.

Le 3 novembre fut un jour très vif et très curieux. Le nouveau ministère fit son entrée dans une Chambre des députés renouvelée presque par moitié, et fourmillant, en quelque sorte, de toutes les illustrations du moment.

Quel accueil y recevrait ce nouveau ministère? De quel œil une nouvelle majorité verrait-elle le changement de front opéré dans les hauts lieux? en d'autres termes, le passage de la résistance au mouvement dans la direction du pouvoir?

Le premier aspect fut douteux, pour ne rien dire de plus.

Il s'agissait, avant tout, de choisir un président. La proposition en fut faite sur-le-champ. M. Laffitte avait sous la main son candidat, et tenait à le faire passer d'emblée pour esquiver M. Perier, dont la position grandissait d'heure en heure. Mais la Chambre, au lieu de se prêter à ce désir, craignant sans doute de se compromettre en faisant prématurément acte d'adhésion, préféra, sous divers prétextes, ajourner l'élection à huitaine; la vraie raison, c'était l'attente des explications que tout ministère nouveau se trouve naturelleme appelént à donner sur les causes de son avènement, sur ses principes et sur la conduite qu'il se propose de tenir.

Notre ministère faisant, à ce sujet, la sourde

oreille, M. Guizot prit les devants, et dans une discussion incidente, en attendant mieux, pour amuser le tapis, raconta en grand détail les divisions qui s'étaient élevées au sein de l'ancien conseil, l'impossibilité de s'entendre, manifestée par ces divisions, les raisons qui avaient déterminé notre retraite, et posa, en termes formels, l'antagonisme des deux politiques.

Son discours ayant eu plein succès, c'était à M. Laffitte de répondre. M. Laffitte fit, derechef, la sourde oreille, et laissa la parole à M. Odilon Barrot, l'un des produits de l'élection nouvelle, et dont la conduite, en qualité de préfet de Paris, avait, ainsi que je l'ai dit plus haut, donné le signal de la rupture dans nos rangs. Il fut fort applaudi de la gauche, cela va sans dire, et traité par le reste de l'Assemblée avec bienveillance, comme un débutant jeune et qui s'exprimait en bons termes.

Mais, après tout, ce n'était pas là ce qu'exigeait la situation. M. Laffitte, mis au pied du mur par l'impatience visible de l'Assemblée, prit enfin, mais timidement, le parti de s'exécuter. Il tira de sa poche un petit discours préparé comme un *en-cas*, dans lequel discours il s'efforçait d'établir, en réponse à M. Guizot, qu'au sein du précédent ministère, le dissentiment n'avait pas porté sur une question de principes, ni moins encore sur la question de savoir s'il fallait poursuivre ou clore la révolution, mais uniquement sur le degré de confiance qu'on devait avoir dans l'état des esprits, dans la sagesse et la modération du parti vainqueur; qu'après des débats dont rien n'avait troublé l'harmonie et l'aménité, on était convenu, d'un commun accord, que les plus confiants étaient ceux qui devaient, en retour, inspirer aux esprits le plus de confiance, et, par là, les mieux contenir, les mieux diriger dans la bonne voie; que, du reste, rien ne serait changé ni dans les vues, ni dans la conduite, et qu'il ne fallait voir, dans les changements intervenus, rien de plus que ce qui s'y trouvait en réalité, plus d'unité, plus d'ensemble, plus de support mutuel.

Comment fut reçue cette homélie pateline, on en put bientôt juger par l'événement.

Vint, en effet, presque au lendemain, l'élection du président. Sous le couvert de l'extrême gauche, le ministère portait M. Girod (de l'Ain), magistrat respectable, homme aimé et considéré. Il n'obtint que 60 voix; M. Perier fut élu par 180. Opposé ensuite à M. Dupin pour la vice-présidence, M. Girod n'obtint que 33 voix, contre 182.

Il était clair que les élections avaient accru le parti de la résistance, au lieu de l'affaiblir.

Le reste des premiers travaux de la Chambre des députés n'eut pas grande importance. Récompenses nationales, décoration de Juillet, secours aux blessés, à leurs veuves et à leurs enfants; plaintes contre les journaux, les affiches et les placards; querelles de prérogative entre la Chambre des députés et la magistrature, à propos d'une citation mal à propos adressée à M. Charles de Lameth, rien de tout cela n'est resté dans mon souvenir plus que dans celui de personne. Ce fut le 13 que s'engagea la première discussion véritable. Elle porta sur l'état de nos relations extérieures. M. Mauguin, selon son usage, eut les honneurs de l'initiative; elle fut longue sans devenir trop vive et se termina à l'amiable, ou à peu près, entre tous les partis.

Le 19, Benjamin Constant soumit à la Chambre une proposition relative au régime de l'imprimerie et de la librairie, proposition dont tous les articles, successivement adoptés, furent rejetés en bloc par un vote d'ensemble (193 voix contre

98) aux grands éclats de rire des auteurs de cette espièglerie, qui l'auraient sans doute bien regrettée, s'ils avaient prévu que cette inconvenance allait devenir irréparable.

Après avoir rectifié (le 23) une loi de la Restauration, en substituant à ces mots : *les droits que le roi tient de sa naissance,* ces autres mots : *les droits que le roi tient du vœu de la nation française,* la Chambre repoussa vigoureusement (le 26) la nuée des pétitions qui s'acharnaient à demander que les tribunaux de tout degré et de toute origine fussent soumis à une nouvelle installation, en d'autres termes et en bon français, à une épuration radicale. Ce fut un beau jour pour M. Dupin. Sans lui, nous en revenions peut-être aux premiers jours de 1814. Jamais son éloquence inculte, incisive, voire même un peu bourrue, ne fut plus énergiquement employée à une meilleure cause.

Mais, pour le nouveau ministère, la session ne commença réellement que le 1ᵉʳ décembre, et ce ne fut pas sous de trop favorables auspices. Il s'agissait de statuer sur ce qu'on nommait en ce temps-là *le fonds commun de l'indemnité des émigrés.*

Ce fonds, c'était l'excédant restant sur le milliard précédemment voté à leur profit dans les beaux jours du ministère Villèle. On leur avait promis que cet excédant, s'il s'en rencontrait en fin de compte, serait réparti entre les moins indemnisés ; mais, l'engagement n'étant qu'éventuel, notre nouveau ministère proposa de n'en point tenir compte, et de considérer le reliquat comme ayant fait retour à l'État.

Si cela était licite en toute rigueur, cela n'était ni généreux ni même équitable ; mais la somme en valait la peine ; elle excédait 100 millions ; notre bourse était à sec, notre position critique. Personne n'ayant ici de droit personnel ni liquidé, les réclamations furent timides et peu nombreuses, et l'on passa outre. La Chambre des pairs ne fit point résistance, et j'y fus pour quelque chose, pensant que nous avions trop d'affaires et de trop grosses affaires sur les bras pour dépenser ainsi ce qui nous restait de très petite puissance.

Il en fut autrement, Dieu merci, d'une autre entreprise également entachée, mais à un bien plus haut degré, du principe de rétroactivité. Sur la proposition d'abroger une loi du 11 septembre 1807, relative aux récompenses nationales, un article fut inséré qui n'allait à rien de moins que remettre en question toutes les pensions accordées sous le règne de Charles X. Nous fîmes cette fois bonne contenance, nous rayâmes sans hésiter l'article malencontreux ; piquée au jeu, la Chambre des députés le reproduisit, en étendant sa portée à toutes les pensions accordées à titre de récompense depuis 1807.

Nous rejetâmes alors la proposition tout entière.

Ce fut sous le feu même de ces débats, qui semblaient menacer d'une collision entre les deux Chambres, qu'on apprit la mort de Benjamin Constant. L'événement n'avait rien d'imprévu. Depuis longtemps, sa santé délabrée ne se soutenait plus que sous l'action redoublée des excitants. Son dernier échec à la Chambre des députés lui avait été très sensible, moins cependant que la préférence accordée sur lui par l'Académie française à M. Viennet et le motif même de cette préférence dont M. Royer-Collard ne faisait pas un secret. Le sachant retenu au lit, j'allai le voir, ce qui ne m'était point arrivé depuis notre rupture, qui n'avait été que trop justifiée par ses procédés à mon égard. Je le trouvai très libre d'esprit, il ne me parla point de sa fin prochaine ; nous causâmes de choses et d'autres comme autrefois, il ne me demanda point de revenir. Je pourrais dire comme M. de Chateaubriand l'a dit de Chénier : on ne m'a point raconté ses derniers moments, mais je ne le dirais qu'avec une arrière-pensée de profond regret, en me rappelant la nuit que nous avions passée ensemble auprès du corps inanimé de madame de Staël ; j'aurais bien désiré le quitter lui-même cette nuit-là.

Dès le lendemain, on vit commencer ou plutôt recommencer la lugubre et détestable farce des funérailles patriotiques, de ces appels adressés aux passions révolutionnaires ou pire encore, de ces tentatives de bouleversement social préparées sous un masque hypocrite de douleur publique.

A peu de semaines des journées de Juillet, c'eût été merveille qu'on trouvât quelque difficulté à mettre en mouvement toute la jeunesse des écoles, en la conviant à porter en triomphe le cercueil d'un grand citoyen, et plus grande merveille encore que le cortège n'eût pas recruté sur sa route, de rue en rue, de café en café, d'estaminet en estaminet, toute une plèbe fraîche émoulue de sa récente victoire, le tout étant placé, d'ailleurs, sous la sauvegarde apparente de personnages officiellement désignés pour mener le deuil.

Mais le gouvernement ayant pris le très sage parti de se prêter à toute démonstration tant soit peu décente, de ne faire obstacle qu'au désordre matériel, restait pour les entrepreneurs de scandale et de tumulte à trouver un prétexte quelconque.

Or voici ce qu'on imagina.

Le 11 décembre, c'est-à-dire le surlendemain du décès et la veille des obsèques, on fit proposer je ne sais plus par qui d'ériger l'église Sainte-Geneviève en Panthéon consacré à la mémoire des grands hommes par la patrie reconnaissante. Ce n'était pas la première fois que ce travestissement mi-parti greco-romain et terroriste, aurait été infligé à la pauvre église; mais elle avait été rendue, depuis nombre d'années, au culte catholique, sous l'invocation de la bergère, notre sainte patronne. Comme ce beau projet, supposé qu'il dût réussir, ne pouvait, avec toute la volonté du monde, ni précéder le convoi, ni même le suivre à la piste, ce devenait pour ses auteurs l'occasion d'enlever l'église par un coup de main, et d'y déposer, en attendant, les restes de leurs grands hommes, apparemment sur le maître-autel.

Aussitôt dit, aussitôt fait. L'idée passant de bouche en bouche fut accueillie et proclamée à grands cris de joie. Mais, la police funéraire ne pouvant ni s'associer à cette voie de fait, ni fermer les yeux sur cette profanation, un conflit s'ensuivit, où le nouveau ministre de l'intérieur, M. de Montalivet, fut presque obligé de payer de sa personne. Enfin, intervint majestueusement M. le préfet de la Seine proposant de recevoir en dépôt, à l'hôtel de ville, les bustes de Benjamin Constant, de Manuel et de Foy, en s'engageant à les conserver religieusement jusqu'au jour de la future apothéose. Le compromis étant accepté de mauvaise grâce, le convoi se remit en marche, clopin-clopant, jusqu'au cimetière de l'Est. Aucun discours n'y fut prononcé, les orateurs de profession, apparemment dans le secret, s'étant préparés pour un autre dénouement.

Ce qu'il advint plus tard de ce dépôt et de la proposition elle-même, je le dirai en son lieu.

La Chambre des députés n'était pas le seul théâtre où se pressaient les difficultés du moment. Toute délabrée qu'elle fût, et précisément parce que telle elle était, la Chambre des pairs avait les siennes. Le moment approchait où le sort de la monarchie, peut-être celui de la société elle-même, allait dépendre de sa fermeté et de sa prudence. Le procès des ministres allait commencer.

Constituée en cour de justice dès le 4 octobre, l'instruction préliminaire qu'elle avait commise à M. Pasquier, son président, assisté de MM. de Bastard, Séguier et Pontécoulant, touchait à son terme. En attendant, les démissionnaires qui l'avaient quittée, et les résignés qu'elle avait gardés dans son sein faisaient de leur mieux pour l'entraver et l'humilier.

Parmi les premiers, M. de Kergorlay, dans la lettre même où il signifiait son refus de serment levait, à haute voix, l'étendard de la rébellion, insultait, dans la personne du roi, le fils du régicide, et qualifiait le jugement des ministres d'assassinat judiciaire. Traduit devant la Chambre et sa défense ayant été plus insolente encore que la lettre, il fut condamné à 10 000 francs d'amende et à deux ans de prison.

Les rédacteurs des deux journaux qui s'étaient appropriés la lettre en l'insérant *in extenso* furent condamnés chacun à 2000 francs d'amende et à une année de prison qu'ils subirent bel et bien, auxiliaire et principal.

Au nombre des derniers, M. le duc de Fitz James, tout en protestant que jamais il n'invoquerait le secours de l'étranger à l'appui des Bourbons de la branche aînée, ouvrait le feu contre la branche cadette, accusait ses ministres d'une insupportable tyrannie, et donnait le signal de ce genre d'opposition qui rendrait tout gouvernement impossible en lui refusant toute confiance et toute autorité.

Je pris vivement part à ces discussions, assez vivement même pour dégoûter, de longtemps, mes adversaires d'y revenir.

Je pris également part aux actes par lesquels notre Chambre affirma ses droits, en admettant, à titre d'hérédité, plusieurs nouveaux pairs, entre autres M. le duc de Crussol, qui succédait à son père (M. le duc d'Uzès), non point mort encore, mais simplement démissionnaire.

Ce fut le 29 novembre que s'ouvrit définitivement le procès des ministres, mais en séance secrète, la Chambre procédant, conformément à ses précédents, au lieu et place d'une chambre du conseil, en première instance, et d'une chambre d'accusation en cour royale; suivant d'ailleurs, pied à pied, à défaut d'une loi spéciale, sur laquelle il n'avait pas été jusqu'à ce jour possible de s'entendre, les règles du droit commun et les principes reçus de la jurisprudence criminelle.

M. de Bastard présenta le rapport au nom de la commission préparatoire : le langage de ce document était grave et mesuré, l'exposé des faits exact et impartial, l'analyse des interrogatoires et des dépositions fidèle et détaillée; du reste, il n'apprit rien à personne.

La Chambre reconnut sa compétence, tant en raison de la nature des faits que de la qualité des personnes; prononça la mise en accusation des sept ministres inculpés, et décida qu'il serait passé outre aux débats contre les accusés présents, sans préjudice des contumaces.

L'ouverture des débats fut fixée au 15 décembre.

Cet événement, j'entends le procès des ministres, était la grande épreuve pour un gouvernement à son début comme le nôtre; disons mieux, c'était la grande épreuve pour la révolution qui l'avait produit; disons mieux encore, c'était en quelque sorte un *experimentum crucis*, pour le principe sur lequel toute révolution se fonde.

On tient, en effet, sur l'autorité des moralistes et des publicistes, voire même sous l'approbation des plus grands saints du calendrier, qu'il peut se rencontrer des circonstances où tout peuple opprimé rentre en droit de disposer de lui-même, où la légitime défense appartient à la société en nom collectif, comme à l'individu en nom personnel, sous cette triple condition toutefois :

Que l'oppression ait été réelle et criante ;

Qu'il ne reste aucun moyen régulier de résistance ;

Qu'en s'exposant, par l'emploi de la force, à tomber en anarchie, on ait une chance raisonnable d'y échapper.

Il est, sans doute, des penseurs, mais en petit nombre, qui contestent ce droit même à ces conditions ; le plus grand nombre l'admet, en revanche, mais plutôt spéculativement, en doutant, plus ou moins, de la possibilité d'en remplir pratiquement les conditions.

Notre révolution de Juillet leur donnait tort quant aux deux premiers. L'agression avait été manifeste, persistante et gratuite. Il y allait pour nous du tout au tout; les ressorts de la légalité avaient été successivement épuisés, de notre part, et définitivement faussés par l'oppresseur.

Mais restait la dernière condition.

Celle-là aussi se présentait assez bien; tout nous avait réussi. Un gouvernement honnête et sensé avait recueilli, presque du soir au lendemain, le fruit de la victoire. Point de violence personnelle, point de spoliation, point de sang versé hormis en guerre et sur le champ de bataille. Restait à savoir si la victoire elle-même se montrerait généreuse autant que modérée; si ce gouvernement honnête et sensé suffirait à sa tâche; s'il ne se laisserait point dominer par des idées de ressentiment et de représailles; s'il ne se laisserait point entraîner par cette tourbe de brouillons et de braillards que toute révolution fait, en quelque sorte, sortir de terre et déchaîne à ses trousses.

Quant au gouvernement lui-même, il n'y avait point d'appréhension à concevoir.

Si les grands coupables devaient être punis, et même sévèrement pour l'exemple, ni la stricte justice ni l'intérêt social ne réclamant leur tête, le roi était fermement résolu à tout risquer pour les protéger. De même ses ministres anciens et nouveaux. Je dois à M. Laffitte et à M. Dupont (de l'Eure) de déclarer que nul ne s'était prononcé en ce sens ni plus tôt ni plus haut. De même la Chambre des pairs à la presque unanimité, de même enfin la Chambre des députés en très grande majorité ; cette Chambre, en proposant au roi l'abolition de la peine de mort, avait même manifesté ses sentiments par une démarche excessive et irrégulière.

Sur le terrain des pouvoirs publics, tout était donc en bonne voie ; mais, au dehors, l'opinion s'échauffait ; la clameur générale portait à la tête ; le sang gratuitement versé criait vengeance : point de justification, point d'intérêt ou de bon souvenir qui s'attachât au nom des coupables menacés ; si jamais le *Væ victis!* pouvait paraître excusable, c'était dans un tel moment, après de tels événements, à l'égard de tels hommes. Ils n'avaient pour eux que l'incertitude de la loi et la compassion des bons cœurs ; pauvre argument contre le tumulte des passions populaires.

C'était avant tout, plus que tout, dans les rangs de la garde nationale que ces idées et ces sentiments fermentaient ; c'était là qu'à l'approche du moment décisif, souvent la passion faisait rage. C'était la garde nationale que les brouillons et les braillards poussaient au pire en l'étourdissant de leurs vociférations sanguinaires. Or, il ne faut pas l'oublier, à cette époque la garde nationale, c'était Paris, Paris tout entier; licenciée par M. de Villèle, reformée par instinct, au bruit du canon, grossie des faubourgs, de la population ouvrière, d'une nuée de volontaires et d'aventuriers qu'alléchait l'odeur de la poudre, c'était la garde nationale qui avait porté le poids des trois jours et la chaleur du feu de file, vaincu l'armée de Charles X, maintenu l'ordre dans la cité; c'était la seule force armée dont le gouvernement pût réellement disposer; il ne fallait pas compter sur la troupe, dispersée dans ses casernes, humiliée de sa défaite, flottante dans son allégeance. Si la garde nationale venait à se diviser le jour du procès, aux portes mêmes du tribunal, qu'arriverait-il? Était-il bien sûr que la majorité saine et sensée consentît à tirer sur ses propres frères, pour arracher des hommes, ses ennemis de la veille, au sort qu'ils avaient peut-être mérité?

L'ébranlement des esprits devint tel dans les deux ou trois derniers jours, qu'il monta rapidement de bas en haut, qu'on parla plus ou moins de compromis, qu'il fut question de faire de M. de Polignac un bouc émissaire et de livrer sa tête pour celle des autres ; proposition que j'ai entendu moi-même sortir de bouches que je ne veux pas même désigner indirectement. Les légations étrangères, en tout cas, s'en expliquaient, dit-on, assez librement et trouvaient peu sensé de risquer le maintien de l'ordre en France, et peut-être de la paix en Europe, pour le salut d'un personnage envers qui personne n'était engagé, et que toutes les cours et tous les souverains avaient averti de sa folle destinée. Je rapporte ceci sur le bruit public, je n'ai, de mes oreilles, rien entendu de semblable.

Le roi ne s'en laissa pas même parler. Ne pouvant compter, au vrai, que sur la garde nationale, il la tint sur pied tout entière et il en confia le commandement en chef à M. de la Fayette. Peut-être n'avait-il pas le choix, dans la position où il se trouvait ; mais c'était un vrai bonheur, car il n'existait ni en France ni ailleurs d'homme plus hardi, plus généreux et plus disposé à se commettre pour toute cause où le patriotisme et l'humanité se trouvaient en jeu. On lui remit même le commandement du peu de cavalerie et d'infanterie qui devaient être placées en réserve selon le lieu et l'occasion.

Le 10 décembre étant le jour fixé pour la translation des accusés de Vincennes à Paris, M. de la Fayette régla, le 8, par un ordre du jour, toutes les dispositions qu'exigeait cette première épreuve. Il fit défense à tous les gardes nationaux, officiers et soldats, de quitter leur uniforme à dater du 14, et cela sous aucun prétexte, et de vaquer à leurs affaires sans indiquer le lieu où on les trouverait en cas d'appel.

Cette défense était commune à la garde nationale de la banlieue.

Le siège de la Cour des pairs étant au Luxembourg et l'état des esprits ne permettant pas de faire circuler soir et matin, dans les rues, les voitures préparées pour les accusés, le petit Luxembourg, attenant au grand, avait été érigé en prison d'État, fortifié au dire d'experts, entouré de charpentes et de palissades, les grilles à l'avenant, le tout communiquant avec Vincennes par le jardin, les boulevards et les rues extérieures.

Dès le 9, les avenues du bois de Vincennes furent occupées par la force armée. Le 10, à six heures du matin, les huissiers de la Cour des pairs ayant notifié au général Daumesnil, commandant de Vincennes, l'ordre signé par le président, les prisonniers furent remis entre leurs mains. MM. de Polignac, Peyronnet et Guernon de Ranville furent placés dans la même voiture; M. de Chantelauze, très souffrant ce jour-là, fut amené dans la soirée, par le général Daumesnil lui-même.

« L'escorte se composait de deux piquets de la garde nationale à cheval, commandés par le général Carbonnel, chef de l'état-major, et d'un escadron de chasseurs sous les ordres du général Fabvier, plus un détachement d'artillerie. M. de Montalivet, à cheval, marchait en tête du cortège. On se dirigea par la rue du faubourg Saint-Antoine, le pont d'Austerlitz, les boulevards de la rive gauche, et l'on arriva au Luxembourg par l'avenue de l'Observatoire vers huit heures du matin. Malgré l'heure matinale, un certain nombre de curieux s'étaient portés sur le passage des prisonniers; mais on n'eut à réprimer aucun désordre.

» Les derniers jours qui précédèrent les débats (du 10 au 15 décembre) s'écoulèrent sans incident. Il y eut comme une trêve tacite. La ville, les faubourgs mêmes avaient repris un silence sombre et silencieux, comme celui qui précède parfois et présage la tempête.

» Le 15, à neuf heures du matin, la salle d'audience fut ouverte au public. Aucune des précautions conseillées par la prudence n'avait été négligée. La garde nationale, la troupe de ligne, la garde municipale étaient sur pied et réparties dans les divers quartiers; des forces considérables étaient concentrées dans les cours, dans les dépendances et dans les environs du vieux palais des Médicis; mais nulle entrave n'avait été mise à la circulation. Les rues étaient libres.

» A dix heures, les acccusés sont introduits dans la salle, précédés de quatre gardes municipaux. Ils sont en frac noir, sans insignes ni décorations; leur démarche est assurée, leur visage est calme, M. de Chantelauze seul porte, dans sa pâleur, la trace de ses récentes souffrances. Près d'eux prennent place au banc de la défense, M. de Martignac, qui est venu prêter à M. de Polignac le secours de sa parole; M. Sauzet, très jeune encore, que la confiance de M. de Chantelauze avait appelé du barreau de Lyon, et M. Crémieux, défenseur de M. Guernon de Ranville.

» Peu d'instants après, un huissier annonça la Cour. Tous les pairs viennent occuper leurs sièges; puis le président déclare que la séance est ouverte. L'appel nominal constate la présence de cent soixante-trois pairs, dix-neuf ont justifié d'un empêchement, quelques-uns se sont volontairement abstenus. »

J'emprunte cette mise en scène à l'historiographe du roi Louis-Philippe, ne pouvant mieux faire et n'espérant pas mieux dire.

Là commençait officiellement le procès; je dis officiellement, car nous avions employé les jours précédents à des réunions officieuses, dans la petite maison de notre président, à nous entendre sur les questions délicates qu'il nous faudrait résoudre devant le public et sous le feu de la défense. Les deux principales ne portaient sur rien de moins que la nature du crime et celle de la peine.

Tout y était à régler.

La Charte, en assignant aux ministres, le cas échéant, les députés pour accusateurs et pour juges les pairs, en qualifiant les crimes et délits ministériels sous le double chef de trahison et de concussion, avait déféré la définition de ces méfaits au régime légal. Il y devait être pourvu par une simple loi; mais, en 1830, cette loi n'existait encore qu'en expectative; on avait plus d'une fois essayé de combler cette lacune sans y réussir. Dès lors, que faire au point où nous en étions? Comment suppléer au silence du législateur?

A cet égard, chacun proposait son système, et tous ces systèmes rentraient, plus ou moins, dans les termes de l'acte d'accusation déposé à notre barre, au nom de la Chambre des députés, lequel se réduisait à rapprocher certains articles du code pénal ordinaire, pour en construire artificiellement tel ou tel crime ministériel dont le code pénal ne s'était point avisé. Je m'élevai contre ce système : il me parut, tout ensemble, timide et périlleux; timide, car c'était douter de nous-mêmes, de nos droits, de notre position dans l'État; périlleux, car c'était fausser le code pénal, se jouer ouvertement de son esprit et de sa lettre. C'était un exemple funeste, que les tribunaux inférieurs ne manqueraient pas d'imiter ; règle générale, selon moi, il faut, en matière criminelle, agir au grand jour, dire ce qu'on fait, faire ce qu'on dit, et prendre la responsabilité de ses actes.

En droit, ajoutai-je, en principe constitutionnel, le Corps législatif est souverain... — souverain, dans les limites de la raison et de la justice, — mais souverain définitif et sans recours ultérieur. Contre l'abus de cette autorité suprême, la garantie est dans l'accord des trois pouvoirs dont se compose le Corps législatif, dans le contrôle qu'ils exercent l'un sur l'autre, dans la diversité de leur origine et de leur nature. On ne saurait aller plus loin, ni remonter plus haut.

C'est donc au Corps législatif qu'il appartient de pourvoir, en toute occasion, à toutes les nécessités sociales. Ici, c'était le cas. Un grand crime avait été commis au grand jour, au grand péril de l'État, un crime prévu par la Charte, qualifié par elle ; pour que ce crime fût puni comme il devait l'être, ce qui manquait, c'était un texte précis, une définition technique. Passer outre, procéder *a priori*, définir et frapper du même coup, ou, si l'on veut, coup sur coup, c'était faire acte de souveraineté sans doute ; mais s'arrêter devant l'obstacle, et livrer, par l'impunité, la personne des accusés à l'explosion de la vengeance populaire qu'on ne contenait qu'à grand'peine, c'était abdiquer la souveraineté et rendre son épée ; c'était, d'ailleurs, sacrifier le fond des choses à la forme, la justice substantielle à la justice apparente, puisqu'enfin le dispositif de l'arrêt à intervenir, restant soumis au droit de grâce, serait, *en tant qu'il ferait loi*, l'œuvre des trois pouvoirs, et placé sous la garantie de leur concours.

Telle fut la théorie que je n'hésitai point à soutenir et qui finit par prévaloir après des débats assez vifs. Je n'insisterai point sur la marche et les incidents du procès, tout y fut public, et *le Moniteur* se trouve partout. Les accusés firent très bonne contenance. Tous s'expliquèrent, sans s'excuser personnellement ni s'accuser réciproquement, M. de Polignac avec un peu trop peut-être de faconde étudiée, mais avec une sincérité naïve et touchante. M. Peyronnet fut éloquent, très éloquent; jamais durant le cours de sa triste prospérité il n'avait mérité cet éloge, ni donné de lui cette idée; la fermeté de son âme, la hauteur de son dédain, l'élévation de ses idées et de son langage, me frappèrent d'admiration, le mot n'est pas trop fort, tout prévenu que je fusse contre lui. On savait qu'il n'avait jamais été de l'avis des ordonnances, qu'il avait presque résisté jusqu'au bout et n'avait signé que par point d'honneur. Aucune de ses paroles n'y faisait la moindre allusion; mais la vérité perçait dans son effort à la cacher et lui donnait, bon gré mal gré, une attitude de martyr; le mot errait, bon gré mal gré, sur les lèvres.

De même, M. Guernon de Ranville.

Il avait, comme M. Peyronnet, résisté de bonne heure, persisté jusqu'à la dernière heure, et faibli, au dernier moment, par le même motif; mais, en présence de ses juges, il ne le prit pas de si haut. Il paraît que son défenseur, M. Crémieux, avait obtenu de lui de faire mention de sa résistance, de lui en faire mérite, et de le placer ainsi dans une position distincte à l'égard de ses coaccusés; mais, cette autorisation lui ayant été retirée au début de son plaidoyer, le pauvre orateur en perdit la tête à ce point que, la chaleur du lieu et de la foule aidant, il finit pas s'évanouir et par être emporté sans connaissance.

Les défenseurs jouèrent un grand rôle dans ces débats, et ce fut là que M. Sauzet, le jeune aigle du barreau de Lyon, fit ses débuts, en plaidant pour M. de Chantelauze avec une témérité que son talent racheta, mais qui vraiment dépassait toute mesure. Il nous dit en face que les auteurs des ordonnances et ceux de la révolution de Juillet étaient à deux de jeu; que toute constitution, œuvre imparfaite de l'esprit humain, contenait implicitement un article 14, ou plutôt portait en elle son remède dans les cas extrêmes; que ce remède s'appelait ou coup d'État ou révolution, selon la main qui l'employait, et que sa légitimité n'était justiciable que de l'histoire.

A cette conséquence près, le fond de l'argument était bon. C'était, on peut s'en souvenir, l'un de ceux que, jeune et téméraire moi-même, en 1815, j'avais fait valoir à titre d'excuse dans le procès du maréchal Ney; mais je n'avais garde, même alors, de le pousser à outrance, et de prétendre désarmer par là entièrement la justice sociale.

Le premier rang enfin appartenait de droit à M. de Martignac, qui, victime universellement honorée et regrettée de la sotte ambition de son successeur et du fol entêtement de son maître, resté debout sur les débris d'un établissement dont il avait été le dernier soutien et le plus digne ornement, venait prêter, à l'un et à l'autre, le dernier souffle d'*une voix qui tombe et d'une ardeur qui s'éteint*, protégeant, au prix de ce qui lui restait de vie, la tête de celui-là et l'honneur de celui-ci.

Il dirigea l'ensemble de la défense avec cet heureux mélange de prudence et de fermeté, de décision et de réserve dont il avait tant de fois fait preuve durant son trop court ministère, avec cette autorité dans le langage tempérée par les ménagements envers les personnes qu'il réunissait au plus rare degré. Sans vaine rhétorique, sans affectation de générosité à l'égard de ses anciens adversaires devenus ses humbles clients, sans étalage de fausse sensibilité sur leur sort actuel ou d'appréhensions exagérées sur leurs périls, il se plaça naturellement entre les vaincus et les vainqueurs. Il tint compte aux uns de la difficulté des temps, en homme qui l'avait lui-même encourue sans réussir à la surmonter ; il leur tint compte d'un dévouement honorable même dans ses excès et digne d'une meilleure cause ; il demanda compte aux autres de leurs victoires et de l'emploi qu'ils en allaient faire. Sans justifier, sans même excuser en principe les fatales ordonnances, il démontra en toute rigueur qu'elles ne tombaient sous le coup d'aucune disposition législative régulièrement portée contre elles, ni qui leur fût strictement applicable. Sans contester aux peuples opprimés le droit de résistance, il en fit peser sur nous toutes les conséquences, et la première au moment même. De quel droit nous ériger en vengeurs des lois violées, en les violant nous-mêmes à notre tour ? Et, dans la première de ses magnifiques répliques, quittant tout à coup le rôle de défenseur pour celui de juge de ses juges, et transformant les accusés en accusateurs devant la postérité, dépeignant à grands traits les périls dont nous étions nous-mêmes assiégés, et dont déjà le prélude s'annonçait pour nous au bruit croissant de la fusillade :

« C'est sur vous-mêmes, nous dit-il en élevant la voix, que vous allez prononcer ; c'est l'arrêt que vous allez rendre qui décidera de l'établissement que vous entreprenez de fonder, si la monarchie va dater, en France, d'une ère nouvelle, ou rouler en proie aux factions ; cet arrêt aura pour la France l'intérêt d'une prédiction et la puissance d'une destinée. Serait-ce par la mort des adversaires qu'elle a désarmés que la révolution de 1830 voudrait achever sa tâche et se perdre comme la première ? Je ne puis le craindre, puisque c'est de vous qu'elle va recevoir la direction et l'exemple. Nos mœurs s'adoucissent ; chaque jour la philanthropie s'avance vers des conquêtes nouvelles. Une législation se prépare qui conciliera, autant que le siècle le permet, les intérêts de la sûreté commune et le vœu de l'humanité. Déjà, depuis quelques mois, nos places publiques n'ont point été attristées par le spectacle de l'échafaud. Quel serait l'intérêt pressant, le besoin réel, l'avantage possible pour notre pays qui rendrait le mouvement à cette hache désormais suspendue ? Tout n'est-il pas consommé ? La dynastie n'est-elle pas tombée avec le trône ? Les vastes mers et les événements plus vastes encore ne la séparent-ils pas de vous ? Quel besoin peut avoir la France de la mort d'un homme qui s'offre à elle comme l'instrument d'une puissance qui n'est plus ? Serait-ce pour prouver sa force ? Qui la conteste ? Qui peut la révoquer en doute, et quelle preuve en donner que de frapper une victime qui n'a pour protection que ma faible voix ? Serait-ce vengeance ? Eh ! messieurs, ce trône renversé, ces trois couronnes brisées en trois jours, ce drapeau de huit siècles déchiré en une heure, n'est-ce pas la vengeance d'un peuple vainqueur ? Celle-là fut conquise au milieu du danger, expliquée par le but, ennoblie par le courage ; celle-ci ne serait que barbare, car elle n'est plus ni disputée ni nécessaire. Serait-ce pour assurer le triomphe du vainqueur, et consolider son ouvrage que le supplice d'un homme serait réclamé ? Oh ! ce que la force a conquis ou repris, ce n'est pas la cruauté ou la violence qui le conservent ; c'est l'usage ferme et modéré du pouvoir nouveau, c'est la sécurité que cette modératiom fait naître, c'est la prospérité qu'elle encourage, c'est la protection que promet l'ordre nouveau à ceux qui s'y soumettent ou qui s'y rallient : voilà les véritables éléments de sa conservation ; les autres sont des éléments funestes ou plutôt des illusions qui perdent ceux qui les embrassent. Vous jetez les fondements d'un nouveau trône ; ne lui donnez pas pour appui une terre trempée de sang et de larmes. Le sang que vous verseriez aujourd'hui, pensez-vous qu'il serait le dernier? En politique, comme en religion, le martyre produit le fanatisme et le fanatisme le martyre. Ces efforts seraient vains sans doute, ces tentatives insensées viendraient se briser contre une force et une volonté invincibles ; mais n'est-ce rien que d'avoir à punir sans cesse et à soutenir des rigueurs par d'autres rigueurs? N'est-ce rien que d'habituer les yeux à l'appareil des supplices et les cœurs aux tourments des victimes, aux gémissements des familles? Le coup frappé par vous ouvrirait un abîme et ces quatre têtes ne le combleraient pas. »

En prononçant ces derniers mots d'un accent solennel et prophétique, M. de Martignac se retourna vers les accusés, les couvrit en quelque sorte d'une commisération respectueuse, et les remit entre nos mains avec un mélange inexprimable de grâce et d'autorité.

Cicéron lui-même aurait avoué l'action, le geste et le langage. Ce furent presque les dernières paroles que la France entendit de cette bouche éloquente ; le lendemain, ses forces trahissaient de plus en plus son courage : à l'issue des débats, il rentra dans sa demeure pour n'en plus sortir qu'enveloppé du drap mortuaire.

Commencée le 15 décembre, vers neuf heures du matin, terminée le 21, à la tombée de la nuit, la crise dura sept jours pleins, les cinq premiers consacrés à l'acte d'accusation, aux interrogatoires des accusés et des témoins, les deux derniers (20 et 21) aux plaidoiries réciproques, au délibéré de la Cour et au prononcé de l'arrêt. Chaque jour et de plus en plus, les rassemblements qui se formaient, dès le matin, aux portes du Luxembourg, allaient grossissant en nombre, en tumulte et en menaces, durant le cours de la séance, et se reformaient le soir aux portes du petit Luxembourg où les accusés étaient détenus. Si la garde nationale, notre presque unique force armée, n'avait point partagé, à certain degré, les sentiments de la foule, peut-être en aurait-elle eu

raison sans trop de résistance; mais par malheur
tant s'en fallait; on pouvait craindre qu'au lieu
d'y aller bon jeu bon argent contre l'émeute, elle
ne lui prêtât main-forte dans l'occasion. M. de la
Fayette était d'ailleurs, par caractère, plus enclin
à employer la persuasion que la force vis-à-vis des
masses populaires ; il faisait appeler, tour à tour,
les chefs apparents des divers groupes d'assaillants,
étudiants, ouvriers, ou autres; il s'épuisait à les
pérorer au nom de l'humanité, et du respect dû à
la justice, entrant plus ou moins dans leurs mé-
contentements, quant à la marche générale des
affaires. La préfet de la Seine, M. Odilon Barrot,
en faisait autant de son côté, se préparant ainsi et
nous préparant l'un et l'autre pour un avenir prochain de très grandes difficultés, comme je le dirai
bientôt, et rendant la crise du moment d'heure
en heure plus menaçante, tant et si bien, que,
l'avant-dernier jour (le 21), la porte du palais ayant
été forcée à la faveur d'un accident, la cour et les
escaliers se trouvèrent tout à coup envahis à
grands cris, et que le commandant du poste n'eut
que le temps de faire avertir le président qui n'eut
lui-même que le temps de lever la séance.

Le lendemain (c'était le jour du dénouement),

chacun de nous était à son poste; de même la garde nationale, de même son chef, M. de la Fayette. Dès neuf heures du matin, la foule encombrait toutes les rues qui, de la rivière ou des boulevards, du Panthéon ou du faubourg Saint-Germain, aboutissent au Luxembourg; elle était, tour à tour, silencieuse ou tumultueuse, éclatant en clameurs au moindre incident, mais contenue par l'attente et par la crainte, par le pêle-mêle des volontés et des espérances diverses. Plus au loin et presque dans tous les quartiers, des groupes nombreux armés ou désarmés circulaient à grands cris, traversés par des patrouilles qui les dispersaient sans trop les bousculer, et derrière lesquelles ils se reformaient sur-le-champ; les coups de fusil partaient de toutes parts et prenaient même quelquefois l'apparence de décharges régulières, sans qu'il fût possible de démêler si c'était pour tout de bon. Personne d'entre nous ne manqua au dernier appel; personne ne témoigna ni frayeur ni la moindre hésitation. Sur le point d'être envahis, la veille, par une foule furieuse, et ne sachant pas précisément ce qui nous attendait à la sortie, je n'ai pas surpris un regard, pas un accent qui ne fût ferme et résolu. Quand je me rappelais, durant tout le cours de la séance, l'état d'anxiété et d'oppression morale qui pesait sur la Chambre, quinze ans auparavant, au procès du maréchal Ney, le contraste était frappant. Ce jour-là, le sort de l'accusé n'était pas douteux; il devait périr; les juges ne couraient aucun risque personnel, peut-être même aucun blâme selon la couleur de leur parti, mais les consciences étaient en proie aux perplexités. Chez les réactionnaires les plus ardents, elles ressentaient, à certain degré, l'aiguillon du remords et l'appréhension des conséquences; les timides se débattaient en rougissant contre leur faiblesse; les timorés, en sens inverse (et j'étais de ce nombre), ne voyaient pas bien clair dans le devoir et craignaient, en inclinant du bon côté, de sacrifier au fond la justice à la politique. Cette fois, au contraire, la vie des accusés était hors de question, mais on ne savait pas trop ce qui adviendrait des juges à la sortie, s'ils tombaient entre les mains d'une populace furieuse dans ses premiers transports. La veille, notre enceinte avait été forcée à demi; plusieurs d'entre nous, en se retirant, avaient été outragés et maltraités, et cela sur la simple proposition de l'arrêt que nous allions rendre: qu'arriverait-il, lorsqu'il nous faudrait proclamer cet arrêt à la face du public et à haute voix? Je le épète, néanmoins, et j'ai plaisir à le répéter : le parti était pris, les cœurs étaient légers et les fronts sereins.

Vers le milieu de la journée, les plaidoiries réciproques étant terminées et le moment d'entrer en délibération venu, M. Pasquier, d'accord avec le ministre de l'intérieur, donna ordre d'extraire les accusés de la prison et de les reconduire à Vincennes, où l'arrêt, quel qu'il fût, leur serait signifié.

C'était un coup de partie. C'était prendre l'émeute par surprise et lui dérober sa proie, sauf, il est vrai, à la déchaîner peut-être de plus en plus contre les juges; mais personne ici ne pensait à soi.

Quand le ministre de l'intérieur, entrant à l'improviste dans le petit Luxembourg, y vint chercher les prisonniers, le poste qui les gardait, se figurant qu'on les conduisait pour une dernière fois à l'audience, ne fit aucune résistance; il en aurait été peut-être autrement, s'il avait su ou simplement deviné de quoi il s'agissait. L'opération fut conduite avec beaucoup de vigueur et de discrétion. Elle faillit manquer toutefois, faute d'avoir placé dans l'avenue qui conduit du Luxembourg à l'Observatoire des postes de troupes de ligne au lieu de postes de garde nationale; les murmures éclatèrent au passage des voitures, mais les voitures étaient lancées au grand trot, il était trop tard pour les arrêter. M. de Montalivet, à cheval, dirigeait l'escorte.

A trois heures, le canon de Vincennes annonça l'entrée des prisonniers dans la forteresse. On apprit alors ce qui venait d'être fait et le président fut universellement approuvé. J'en avais reçu la confidence dès le matin, et M. d'Argout me l'avait confirmé au début de la séance.

La délibération fut grave et calme. Cent soixante-trois pairs répondirent à l'appel; trente et un s'excusèrent pour cause de maladie, d'absence ou de service. La culpabilité fut admise à l'unanimité. Sur la peine, les voix se partagèrent.

M. de Polignac.	La mort. . . .	24
—	. Déportation. . .	128
—	. Prison perpét. .	24
M. Peyronnet.	. Déportation. . .	68
—	. Prison perpét. .	87
—	. Simple détention.	1

M. Chantelauze. . Déportation. . 14
— . . Prison perpét. 138
— . . Détention. . . 4
M. Guernon Ranville Déportation . . 14
— . . Prison perpét. 140

Sans définir le crime de haute trahison *ex professo* et génériquement, l'arrêt qualifiait, sous ce chef, les crimes dont les accusés étaient déclarés coupables.

L'un des considérants était conçu en ces termes :

« Vu l'article 7 du code pénal qui met la déportation au nombre des peines afflictives et infamantes;

» Vu l'article 17 du code qui porte que la déportation est perpétuelle;

» Vu l'article 18 qui déclare qu'elle emporte la mort civile... »

En réalité, ce considérant n'était qu'un hors-d'œuvre. Il suffisait du renvoi pur et simple à l'article 18 du code. Mais, dans les moments critiques, le moindre mot n'est pas sans quelque puissance. En articulant celui de mort civile, dont le sens et la conséquence étaient ignorés de la multitude, on donnait, en apparence, le change à sa passion. C'était une fraude pieuse que j'avais indiquée dans l'une de nos délibérations préliminaires et dont notre président, qui ne négligeait rien, fit son profit dans la rédaction de l'arrêt.

Étrange alternation dans le cours des choses; sous la Restauration, j'avais, à dix reprises différentes peut-être, attaqué le principe absurde et odieux de la mort civile; j'en avais fait honte aux ministres du roi très chrétien, qui, tout en abolissant le divorce, s'obstinaient à maintenir ce triste débris du droit romain, débris lui-même, dans le droit romain, d'un régime tombé en désuétude, et dont le caractère principal était de briser le lien conjugal et d'outrager les sentiments de famille. Qui m'eût dit que, moi-même, j'invoquerais un jour ce principe pour protéger la tête de ces ministres qui ne voulaient pas m'écouter?

Le dénouement de la journée, sinon de la crise, ne fut pas aussi violent qu'il était permis de le craindre. La délibération fut longue. Percés à jour comme nous l'étions, le résultat de chaque appel nominal, sur chaque accusé et sur chaque question de criminalité d'abord, puis de pénalité, transpirait nécessairement. Sur les questions de criminalité, l'unanimité de la cour fit son effet. La garde nationale qui occupait le palais s'en montra satisfaite et communiqua sa satisfaction au dehors. En apprenant que M. de Polignac était condamné à la mort civile, l'équivoque jouant son double jeu, la première explosion de la fureur populaire fut amortie par l'incertitude et la curiosité. Dès qu'on sut que les condamnés étaient rentrés à Vincennes, et par là soustraits au mauvais parti qu'on se proposait peut-être de leur faire, les violents se dispersèrent en poussant des cris de rage; mais ils se dispersèrent et les modérés restèrent seuls sur le terrain, attendant la lecture et l'explication de l'arrêt; l'arrêt se fit attendre et ne fut rendu qu'assez avant dans la soirée, de telle sorte que, vers neuf heures, lorsque les portes de notre salle d'audience furent ouvertes au public, il n'y avait plus guère dans les couloirs que les gardes nationaux de service et quelques douzaines de curieux.

Notre sortie fut donc, cette fois, exempte de violence et même d'injures et de menaces. Dans l'appréhension des scènes de la veille, et peut-être de quelque chose de pis, au moment décisif, j'avais pris mes précautions. M. Royer-Collard, dont la demeure, rue d'Enfer, communiquait avec le jardin du Luxembourg, m'avait offert paternellement la clef d'une petite porte bâtarde, et je l'avais acceptée pour moi-même et pour ceux de mes amis qui se trouveraient en mesure d'en profiter, le tout à telle fin que de raison. Je n'eus point à m'en servir. Nous descendîmes en corps le grand escalier et nous traversâmes, à pas comptés, ce qui restait d'attroupement dans la rue de Vaugirard et dans les rues adjacentes, ne nous séparant que pour regagner chacun notre logis. A minuit, tout était rentré dans l'ordre; *la patrie était sauvée*, comme on le dit et redit sans cesse, en temps de révolution, et cela n'avait rien que de très réel dans l'occasion présente : elle eût été perdue si nous avions faibli malgré la voix de notre raison et le vœu de l'humanité.

La crise était terminée, mais toute crise *laisse une queue;* c'est un autre adage du régime révolutionnaire. Les efforts qui l'ont menée à bonne fin ont, d'ordinaire, dépassé plus ou moins le but et suscité par là des difficultés, des embarras qu'il reste à payer argent comptant. C'est ce dont notre nouveau ministère ne tarda pas à s'apercevoir.

Nul n'avait plus sincèrement et plus activement concouru au succès de ses efforts que M. de la Fayette, en qualité de chef suprême de la garde nationale; nul plus que M. Odilon Barrot, en qualité de préfet de la Seine : c'étaient deux bons et nobles cœurs, deux natures humaines et généreuses; mais les meilleurs ont leur côté faible. Tout en se félicitant de la chute de notre premier ministère, ni M. de la Fayette ni M. Odilon Barrot n'étaient plus satisfaits du ministère Laffitte; ils n'en trouvaient guère l'allure plus franchement-libérale que de notre temps : disons mieux; c'était à la Charte nouvelle que s'adressait leur mécontentement, à cette Charte *bâclée* en 1830; c'était le dicton du jour; ils n'y voyaient qu'une étape déjà trop longue vers cette monarchie entourée d'institutions républicaines que M. de la Fayette avait rêvée du premier coup, et M. Odilon Barrot par contre-coup. En s'entretenant, sans cesse, durant la crise, avec les chefs apparents des différents groupes de l'émeute, étudiants, ouvriers, élèves de l'École polytechnique, et en s'efforçant de les pérorer et de les calmer, ils ne s'étaient pas fait faute d'entrer, plus ou moins, dans le fond de leur sentiment, de déplorer comme eux et avec eux les tergiversations du roi, la timidité de ses conseillers passés et présents, et de donner à entendre que la crise une fois passée, tout allait marcher à pleines voiles, et qu'ils seraient payés en progrès rapides de leur modération d'un moment. De ces espérances à des promesses et des promesses à des engagements positifs, la pente était glissante, et tout porte à croire qu'on s'y laissa, plus d'une fois, entraîner. On ne s'en défendait même pas beaucoup. Le 24, c'est-à-dire le surlendemain du jour où notre arrêt avait été rendu, M. de la Fayette s'exprimait en ces termes dans son ordre du jour adressé à la garde nationale :

« L'époque critique, rendez-vous annoncé pour tous les projets de désordres, est heureusement traversée. La Révolution est sortie pure de cette nouvelle épreuve; elle a démenti ses calomniateurs de tous les pays: force est restée à la loi, protection aux accusés quels qu'ils fussent, respect au jugement... Les affaires, comme notre service, reprennent leur cours ordinaire, la confiance va se rétablir et l'industrie se ranimer; tout a été fait pour l'ordre public; *notre récompense est d'espérer que tout va être fait pour la liberté!* »

Il ne fallait pas s'étonner, dès lors, si l'on voyait affichées sur toutes les murailles des proclamations telles, par exemple, que celle-ci :

« Sans le prompt rétablissement de l'ordre, la liberté était perdue. Avec le rétablissement de l'ordre, la certitude nous est donnée de la tranquillité, de la prospérité publique, car le roi, notre élu, La Fayette, Dupont de l'Eure, Odilon Barrot, nos amis, se sont engagés sur l'honneur à l'organisation complète de la liberté qu'on nous marchande aujourd'hui, et qu'en Juillet nous avons payée comptant. »

Ou que celle-ci :

« Les patriotes qui, dans tous les temps, ont dévoré leur vie et leurs veilles à notre indépendance sont toujours là, inébranlables dans le sentier de la liberté; ils veulent, comme nous, de larges concessions qui grandissent cette liberté; mais pour l'obtenir, la force n'est point nécessaire : de l'ordre, et alors on demandera une base plus républicaine à nos institutions. Que si ces concessions n'étaient pas accordées, les patriotes, toujours les mêmes, et les écoles qui marchent avec eux, vous rappelleraient pour les conquérir ! »

Il ne fallait pas s'étonner davantage des incidents qui s'ensuivirent.

Le roi ayant visité, à cheval, en personne, les douze mairies et félicité la garde nationale de sa bonne conduite, M. Laffitte crut faire merveille en proposant comme député, à la Chambre des députés, en adressant les mêmes remerciements à la force publique, de les faire partager aux élèves des trois écoles[1], les invitant, par là, à protester contre les proclamations qui leur étaient imputées.

Il n'en fut pas le bon marchand.

Les élèves répudièrent ces remerciements en termes injurieux pour la Chambre des députés et maintinrent leurs proclamations par des proclamations nouvelles.

M. Laffitte s'en expliqua du mieux qu'il put à la tribune, en prétendant qu'un désaveu était intervenu depuis, ce qui n'était pas impossible à la rigueur, les élèves des trois écoles n'étant pas probablement unanimes. Il fit, de plus, insérer timidement au *Moniteur* la note qui suit :

« Les regrets qu'éprouvent les agitateurs d'avoir échoué dans leurs projets les ont portés à avoir recours à une nouvelle tactique; c'est de prétendre que le gouvernement a transigé avec eux, et qu'il leur a été fait des promesses. Nous sommes autorisés à déclarer que le fait est faux, et que le gouvernement n'a fait aucune promesse quelconque. »

Mais la chose ne pouvait en demeurer là; M. de La Fayette avait le verbe haut. On lui prêtait, à tort

---

[1]. Polytechnique, de droit, de médecine.

ou à raison, des propos tant soit peu arrogants et comminatoires. Il aurait annoncé que le ministère allait être modifié dans le sens de M. Dupont (de l'Eure), la Chambre des pairs remplacée par un Sénat électif, la Chambre des députés dissoute, et remplacée par une autre Chambre, dont l'élection appartiendrait à tous les citoyens imposables à quelque degré que ce fût. Ce qui est sûr, c'est que le 22, au plus fort de cette crise nouvelle, trente ou quarante députés s'étant trouvés réunis au ministère des finances, dans le salon même de M. Laffitte, M. Odilon Barrot fit devant eux un tableau effrayant de l'état des choses. Il dénonça une conspiration pour le renversement du gouvernement, conspiration tellement formidable, que lui-préfet de la Seine ne croyait pas possible de lui résister au premier instant. La conspiration étant forte surtout, ajoutait-il, par suite de la division qui s'était mise dans la garde nationale, il fallait faire cesser au plus tôt cette division, et il n'était qu'un moyen : préparer une loi électorale sur les bases les plus larges, et entrer ainsi dans la voie des concessions démocratiques.

Tout ceci, bien entendu, n'obtenait aucun crédit dans la très grande majorité de la Chambre élective, mais y entretenait une grande indignation. Le nom de *maire du palais*, de *citoyen, roi*, usurpant *sur le roi citoyen*, *de mylord protecteur* courait de bouche en bouche, et ce mécontentement grossissant d'heure en heure, ne tarda pas à porter ses ses fruits.

Tandis que nous délibérions en effet au Luxembourg, on discutait, au Palais-Bourbon, une loi sur la garde nationale, dont l'une des dispositions principales était ainsi conçue :

« Il ne pourra être nommé de commandant supérieur des gardes nationales de tout un département ou même de tout un arrondissement. »

C'était, *a fortiori*, supprimer, quant au principe général, ce commandement de toutes les gardes nationales du royaume dont M. de la Fayette se trouvait momentanément investi en raison des circonstances. Lui-même en avait été d'avis, lui-même avait plus d'une fois déclaré qu'une telle autorité n'était pas compatible avec le régime de la monarchie constitutionnelle; mais, quand vint le moment du vote, la Chambre s'étant empressée de saisir l'occasion qui se présentait de manifester son humeur et n'ayant pas admis sans quelque hésitation la proposition de maintenir provisoirement l'état des choses exceptionnel, sauf à laisser plus tard à M. de la Fayette, mais simplement *ad honorem*, le titre qu'il avait porté, M. de la Fayette remit sur-le-champ au roi sa démission. De là grande rumeur; efforts inutiles pour le décider à la retirer; menaces des turbulents; sollicitations des timides. Comme il y mettait pour condition celle-là même que nous avons indiquée plus haut, le roi prit son parti; bien qu'avec regret la démission fut acceptée et le comte de Lobau, l'une des gloires du premier empire, l'un des commissaires de l'hôtel de ville durant les premiers jours de notre révolution, accepta la succession sans hésiter, avec cette fermeté tranquille qu'il conservait dans sa vie politique comme sur le champ de bataille. Vint alors le tour de M. Dupont (de l'Eure), qui, laissant tomber enfin l'épée de Damoclès qu'il tenait depuis trois mois suspendue sur nos têtes, suivit M. de la Fayette dans sa retraite et fut remplacé par Mérilhou, qui le fut à son tour par Barthe.

Il n'en fut que cela.

On avait menacé le roi, d'abord d'une émeute épouvantable, puis de processions innombrables et incessantes entre Paris et la Grange, où M. de la Fayette s'était retiré sous sa tente. Ce devait être la contre-partie des souvenirs de M. de Choiseul et de Chanteloup. Vain espoir pour les uns, vaine appréhension pour les autres. Tout aboutit à une explication sur le terrain très légal de la Chambre des députés, et encore ne fut-ce que par incident (le 22 décembre) et à l'occasion d'une proposition insignifiante.

M. Laffitte y tint un langage mesuré, mais plus ferme que son caractère; M. Odilon, sans abandonner ses amis, protesta contre toutes les imputations dont il avait été l'objet; il en fut de même huit jours plus tard de M. Dupont (de l'Eure), et l'année se termina paisiblement, mais non sans laisser après elle des traces et des germes d'agitation que l'année d'après devait retrouver, ranimer et fomenter de plus belle.

V

PREMIERS MOIS DE 1831

Avant de reprendre en main le fil de nos affaires intérieures, il peut être bon de rappeler, mais à grands traits et en peu de mots, quelques-uns des événements contemporains.

J'ai fait mention en son temps de la révolution belge qui suivit la nôtre à trois semaines environ de distance (29 juillet, 25 août). J'ai rapidement indiqué son origine, ses causes et ses premières vicissitudes; comment nous l'avons protégée diplomatiquement contre les conséquences éventuelles du traité de Vienne, et militairement contre l'invasion de la Prusse; comment enfin nous avions concouru, avec le gouvernement anglais, à la mettre à flot, en conférant l'arbitrage entre le roi des

Pays-Bas et ses sujets victorieux à la conférence qui siégeait à Londres depuis plusieurs mois pour le règlement des affaires de Grèce.

Sitôt dit, sitôt fait. Le premier acte de cette conférence fut d'imposer une suspension d'armes aux belligérants.

« Les troupes respectives, était-il dit dans ce premier acte, devront se retirer réciproquement, dans l'espace de dix jours, derrière la ligne qui séparait, avant le traité du 30 mai 1814, les possessions du prince souverain des Pays-Bas de celles qui ont été jointes à son territoire pour former le royaume des Pays-Bas. »

C'était préjuger indirectement le fond même du litige, tout en affectant de le laisser en suspens ; c'était admettre provisoirement les arrêtés du gouvernement insurgé, déjà maître, en fait, de toutes les places fortes, à l'exception de la citadelle d'Anvers.

Aussi, moins de six jours après, ce gouvernement improvisé s'empressait-il d'installer à Bruxelles un congrès de députés, par lui convoqués *ad hoc*, d'en recevoir les insignes du pouvoir exécutif et de s'en adjuger les fonctions, en attendant le rapport de M. Van de Weyer sur la négociation entamée à Londres; puis, sans en attendre l'issue, le congrès, après huit jours de discussion, prononçait la séparation définitive entre la Belgique et la Hollande et la déchéance de la maison de Nassau; préparait, en toute hâte, un projet de constitution, et, plus tard, essayait de s'entendre avec le gouvernement français sur les éventualités de l'avenir.

Ce n'était pas uniquement en Belgique que le contre-coup de notre révolution se faisait sentir. L'Autriche armait malgré sa bienveillance apparente ou réelle, peut-être autant l'un que l'autre. Les forces étaient portées à 360 000 hommes, de nombreux renforts étaient dirigés en Italie et en Galicie. La Prusse et la Bavière ne contenaient qu'à peine l'agitation qui régnait dans leurs provinces rhénanes; le duc de Brunswick, en querelle avec ses sujets, en querelle avec son parent Guillaume IV, roi d'Angleterre et de Hanovre, en querelle avec la diète de Francfort elle-même, par suite d'actes de folie inutiles à rappeler ici, avait été contraint le 7 septembre de se sauver de sa capitale, en laissant provisoirement la régence à son frère. Autant en avait fait, presque au même moment, le roi de Saxe en faveur de Maximilien son neveu, après des troubles assez violents provoqués par des motifs assez frivoles. Autant les États des Deux-Hesses, en confiant au prince Émile, frère du grand-duc, le commandement des troupes chargées de délivrer le grand-duc lui-même assiégé par son peuple dans son château de Wilhelmshöhe, et de lui imposer une constitution nouvelle; ce sur quoi la diète prit enfin son parti, et publia, le 4 octobre, une résolution portant qu'à dater du 5 novembre suivant, tous les États de la confédération germanique s'engageraient à se prêter mutuellement appui, de telle sorte qu'au cas où l'un des États s'adresserait, vu l'urgence, à l'un de ses voisins en lui demandant secours et assistance, ce secours lui devrait être accordé sans délai au nom de la confédération tout entière.

Pour atteindre ce but, les contingents fédératifs devaient être tenus disponibles durant la crise actuelle, et la surveillance la plus exacte sur toutes les feuilles politiques était recommandée à tous les gouvernements de la confédération.

Moyennant ces précautions, la tranquillité se rétablit peu à peu en territoire allemand; mais il ne parut pas possible de les étendre à la province du Luxembourg, qui relevait en même temps de la confédération et du royaume des Pays-Bas.

Ces troubles n'étaient rien, d'ailleurs, auprès de l'orage qui s'amassait plus au nord.

Depuis l'avénement de l'empereur Nicolas au trône, les tendances libérales de son frère envers ce lambeau de Pologne qu'on affectait encore de nommer un royaume avaient fait place ouvertement aux tendances contraires. La diète subsistait encore, mais ses séances avaient cessé d'être publiques et la discussion avait à peu près cessé d'être soufferte; plus même une ombre de liberté de la presse; plus de garantie pour la religion catholique professée par les sept huitièmes du pays. En toutes choses, toutes les exigences d'une police ombrageuse exercée par le grand-duc Constantin, avec toute la brutalité de son caractère, refus insultant de toute réforme actuelle et de toute espérance à venir. C'est dans cet état des affaires et des esprits que notre drapeau aux trois couleurs, ce drapeau sous lequel les pauvres Polonais avaient si longtemps et si bravement combattu, apparut tout à coup au frontispice du consulat de France et vint, en réveillant tant de souvenirs, faire battre tous les cœurs. Le coup fut électrique, la fermentation sourde mais immense; pour tout enflammer, il ne fallait qu'une étincelle; le grand-duc y fit de son mieux.

C'était au mois de novembre.

Plusieurs jeunes élèves de l'école militaire, réunis dans un banquet fraternel, s'étant émancipés à chanter des refrains patriotiques et à porter des toasts à la mémoire du vieux Kosciusko, le grand duc les fit arrêter et décida, dans sa sagesse, qu'ils en passeraient par le knout.

Dès lors tout éclata.

« Le 29, à huit heures du soir, une bande de leurs camarades, armés de fusils, de pistolets et d'épées, força la consigne de l'école et se porta au Belvédère, résidence du grand-duc. Ils surprirent le poste et pénétrèrent dans les appartements en faisant main basse sur tout ce qui leur opposait résistance. Le lieutenant général Gendre et le sous-directeur de la police Lubowicki furent les premières victimes, le grand-duc n'eut que le temps de s'échapper par une issue secrète et d'aller se mettre au milieu de ses gardes.

» Le reste de l'école, suivi d'une foule de peuple, s'était aussi porté sur les quartiers des hulans de la garde qui résistèrent à leurs provocations, puis à celui du 4ᵉ régiment d'infanterie polonaise, qui se souleva immédiatement contre ses officiers, dont plusieurs furent massacrés ; le mouvement fut suivi par un bataillon de sapeurs et par la plus grande partie du régiment des grenadiers et par l'artillerie à cheval, aux cris de « Vive la liberté, vive la patrie ! »

» Et quelques instants après, l'insurrection se développa d'une manière effrayante; les troupes qui venaient de se déclarer et le peuple qui les suivit se portèrent sur l'arsenal dont les armes furent pillées et distribuées. Les troupes qui s'y trouvaient firent peu de résistance; celles que le grand-duc put rassembler et maintenir dans le devoir étaient au nombre de huit à dix mille hommes russes ou polonais, entre autres le régiment des chasseurs à cheval polonais. Mais ces troupes ne suffisaient plus pour arrêter le mouvement. Elles avaient ordre de se réunir sur la grand'place et de repousser vigoureusement ceux qui voudraient s'opposer à leur marche. Plusieurs régiments de ces corps, entre autres le régiment des gardes de Wolhynie furent, en effet, attaqués par le 4° régiment de l'infanterie polonaise, qui lui tua une trentaine d'hommes, mais sans pouvoir l'empêcher de se rendre au point de réunion. Toute la nuit se passa, du côté des insurgés, dans les désordres inséparables d'un mouvement qui n'avait encore d'autres chefs que des militaires d'un grade inférieur; plusieurs généraux ou officiers supérieurs avaient été d'abord massacrés, ou furent tués dans les divers combats qui s'engagèrent ensuite; des excès plus déplorables encore, des pillages et des assassinats attribués à la vengeance ensanglantèrent cette nuit de gloire et d'opprobre.

» Dès le lendemain, à la pointe du jour, comme l'insurrection avait envahi tous les quartiers et ne laissait plus au grand-duc l'espérance d'y établir l'ordre et d'y faire reconnaître son autorité, il se décida à évacuer Varsovie et se dirigea, sans éprouver d'opposition, sur le village de Wirbza situé à deux ou trois verstes de la ville; il s'y établit un bivouac au milieu des troupes qui lui restaient fidèles, et qui se composaient alors des régiments russes, des gardes de Lithuanie et de Wolhynie, de treize compagnies de la garde polonaise, de toute la cavalerie et de l'artillerie à pied de cette garde. Ceux des Russes qui se trouvèrent isolés ou faits prisonniers restèrent à Varsovie au nombre de huit ou neuf cents.

» Cependant l'insurrection n'avait encore ni chef ni direction. La troupe et la populace furieuse se livraient à toute sorte d'excès ; elles avaient arboré et promenaient ensemble le drapeau polonais et le drapeau français. La ville était dans le plus grand danger. La Banque, où se trouvaient des sommes considérables, produits d'un emprunt et d'une aliénation de domaines, toutes les propriétés étaient menacées; toutes les boutiques étaient fermées; toute la classe bourgeoise était dans la terreur d'un pillage universel. Dans cette situation désespérée, le conseil d'administration du royaume, se voyant sans force et sans autorité pour rétablir l'ordre, crut devoir appeler à son aide quelques personnages dont la popularité pouvait ramener la confiance publique, tels que le prince Adam Czartoryski, le prince Radziwill, Michel Kockanowski, le comte Louis Pac, secrétaire du Sénat, Julien Niemcewitz et le général Chlopicki.

» Le gouvernement suprême, ainsi modifié, publia une proclamation dans laquelle il annonçait que le grand-duc Constantin venait de défendre toute intervention ultérieure à ses troupes; que les Polonais seuls devaient réunir les esprits divisés de leurs concitoyens. « Vous ne voulez pas, » leur disait-il, « donner au monde le spectacle d'une guerre ci-
» vile. La modération peut seule éloigner de vous
» les maux qui vous menacent. Rentrez dans

» l'ordre, et puissent toutes les agitations cesser
» avec la nuit fatale qui les a aussi couvertes de son
» voile. Pensez à l'avenir et à votre patrie si mal-
» heureuse ; éloignez tout ce qui peut en compro-
» mettre l'existence. C'est à nous à remplir nos
» devoirs et maintenir la sécurité publique, les lois
» et les libertés constitutionnelles assurées au
» pays. »

» Mais, dans le même instant, il se formait des conciliabules composés des plus ardents patriotes, de quelques députés de la dernière diète, de ceux qui avaient fait partie des sociétés secrètes qui se recrièrent sur l'impudente audace qu'avait l'ancien gouvernement de prétendre garder le pouvoir en faisant au parti populaire des concessions désormais inutiles. Ils se portèrent suivis d'une multitude exaspérée par leurs discours jusqu'au palais du gouvernement et forcèrent les membres de l'ancien conseil à céder la place.

» Ici se termina l'existence du conseil russo-polonais. Il se forma, sur-le-champ, une administration nouvelle dont le prince Adam Czartoryski prit la présidence, et où furent appelés le prince Lubecki, seul qui restât de l'ancien conseil, les nonces Ostrowski et Malachowski et le professeur Lewel, l'un des chefs les plus influents de l'association secrète. Le commandement des troupes et de toute la force armée fut confié au général Chlopicki, homme ferme et considéré, âgé d'environ cinquante-sept ans, qui avait fait plusieurs campagnes sous Napoléon et vivait dans la retraite depuis la réunion de la Pologne à la Russie. Son premier soin fut de calmer l'irritation des troupes, d'armer une garde nationale et de contenir la turbulence des factieux qui voulaient une révolution complète. »

J'ai transcrit intégralement ce récit exact et curieux afin d'indiquer d'avance à quelles difficultés nouvelles ce nouvel incident allait livrer un gouvernement tout nouveau comme le nôtre. J'y reviendrai à plusieurs reprises. Ce qu'était, en réalité, ce régime improvisé que le pauvre soi-disant royaume de Pologne entendait se donner sous le coup des trois grands larrons qui s'en étaient déjà trois fois partagé les dépouilles, j'aurai, chemin faisant, l'occasion de l'apprécier.

Je note ici, en passant, que la conférence de Londres ayant enfin, après maint et maint débat, à peu près réglé le sort de la Grèce, délimité son territoire, fixé sa constitution et déféré la couronne au prince Léopold de Saxe-Cobourg, n'avait trouvé d'obstacle à ses desseins que dans le refus même de ce prince, qui se désista au dernier moment, après avoir accepté de prime abord, et remit, par là, tout en question.

Je note, également en passant, les agitations populaires dont la plupart des cantons suisses étaient devenus successivement le théâtre. Le licenciement par nous opéré des régiments suisses engagés au service de la France, au lieu de mécontenter la confédération helvétique, ayant été bien accueilli et considéré plutôt comme le signal de changements généralement désirés, et ces changements spontanément, c'est-à-dire, irrégulièrement ébauchés à Zurich, à Lucerne, à Soleure, en Argovie, en Thurgovie, à Saint-Gall et même à Berne, ayant bientôt déterminé le directoire fédéral à convoquer une diète générale, il en était résulté, d'une part, une résolution unanime de maintenir la neutralité de la Suisse en tenant sur pied les contingents cantonaux, d'une autre part, la résolution non moins unanime de laisser chaque canton réformer comme il l'entendait sa constitution intérieure.

Rien ne pouvait mieux nous convenir.

Je note enfin, pour ne rien omettre :

1° La mort du pape Pie VIII survenue le

30 novembre après un pontificat de vingt mois ;

2° Celle du roi de Naples, François Ier, frère de notre reine, survenue le 8 novembre : il était monté sur le trône en 1777 ;

3° Celle de la reine mère de Portugal (7 janvier) laissant au petit tyran dom Miguel l'intégrité du pouvoir royal, en fait comme en droit ;

4° La chute éclatante du grand ministère tory (15 novembre), du ministère présidé par le héros de l'Angleterre et tombé sous les coups de son propre chef.

Nec quisquam Ajacem possit superare nisi Ajax.

Cet événement a fait trop de bruit, les causes qui l'ont provoqué, les incidents qui l'ont précipité sont trop connus pour que j'aie besoin de m'y arrêter. Nous n'y fûmes pour rien, car nous n'avions pas voix au chapitre ; nous y fûmes pour beaucoup, car la révolution de Juillet et l'élan qu'elle avait imprimé à la nation anglaise en fut la cause principale.

On verra bientôt quels fruits nous en recueillîmes.

Je reviens maintenant.

Du 1er janvier au 15 février 1831, il s'est écoulé six semaines : six semaines fécondes en incidents, tant au dedans qu'au dehors de notre pays; six semaines dont l'issue a changé peut-être le cours de sa destinée et certainement la direction de ses affaires.

Le nouveau ministère, je l'ai dit et ne crains pas de le répéter, était sorti à son honneur d'une crise périlleuse; il aurait dû naturellement y puiser quelque force. D'ordinaire, la victoire profite au vainqueur; cette fois, tout au rebours, le vainqueur n'en fut que plus faible et plus chancelant; il n'avait vaincu que de notre aveu et avec notre concours; il avait vaincu et décimé son propre parti. En grande minorité dans les deux Chambres, il n'existait que par le mouvement extérieur, et c'était ce mouvement qu'il lui avait fallu contenir et réprimer. C'était avec les meilleurs des siens qu'il lui avait fallu mettre les pires à la raison; puis il lui avait fallu compter avec ces meilleurs-là, et, dans l'impuissance de les satisfaire sans se perdre tout à fait, se résigner à les perdre. Il lui en avait coûté, ainsi que je l'ai dit plus haut, M. de la Fayette et M. Dupont (de l'Eure), presque même Odilon Barrot.

Force lui était dès lors de chercher à se rattraper par quelque côté. Il présenta coup sur coup trois projets de loi qui, tous trois, furent bien accueillis, le premier sur la réforme des cours d'assises

(6 janvier), le second sur la répression de la traite des noirs (7 janvier), le troisième sur l'amortissement (22 novembre 1830, 9 janvier 1831). Le projet de loi sur la réforme des cours d'assises obtint un plein succès dans les deux Chambres. Je joins ici le rapport dont je fus chargé dans la nôtre ; il contient, ce me semble, quelques idées neuves et saines et quelques renseignements curieux. De concert avec mon ami M. d'Argout, ministre de la marine, j'avais préparé le projet sur la traite des noirs et je ne crains pas d'avancer qu'il a complètement détruit ce commerce infâme qui souillait notre pavillon. Le projet relatif à l'amortissement rencontra plus de difficultés et finit par échouer, dans notre Chambre, sur des questions de pure théorie, et sans que M. Laffitte eût le droit de se plaindre que l'animosité contre lui y fût pour quelque chose. Il en fut de même, ou à peu de chose près, d'un projet de loi sur la répartition de l'impôt mobilier qui ne put aboutir qu'à une transaction tout à fait insignifiante.

Mais, pour le moment, ce n'était pas à l'intérieur que s'ouvrait le champ de bataille, et ce n'était pas de notre part que le nouveau ministère se trouvait harcelé ; c'était encore à ses propres amis qu'il avait affaire, son tort à leurs yeux étant précisément de nous trop ressembler et de poursuivre à peu près notre politique.

Le 24 janvier, en effet, M. Mauguin avait sonné le tocsin des interpellations sur l'état général des affaires, voire même, à tout hasard, sur l'état des négociations entamées, selon lui, en Belgique et en Pologne. Le 27, soutenu par le général Lamarque, et dans une certaine mesure par M. de la Fayette, il avait réalisé sa menace en reprochant amèrement au général Sébastiani, le ministre actuel des affaires étrangères, d'exercer sur la Belgique une influence contraire à ses intérêts et aux nôtres; de repousser l'offre que les Belges semblaient nous faire d'eux-mêmes et de leur magnifique territoire; de résister, tout au moins, au penchant qu'ils semblaient montrer à se donner pour roi le duc de Nemours; puis enfin d'abandonner les Polonais nos anciens alliés sans même réclamer, pour eux, les droits qui leur étaient garantis par les actes de 1815.

Appuyé par Dupin, combattu par M. Bignon, le général Sébastiani ayant bravement supporté ce premier assaut, l'affaire en demeura là pour cette fois; mais ce n'était que peloter en attendant partie ; car les occasions de revenir à la charge ne manquaient pas.

Les agitations intérieures de l'Allemagne un instant suspendues se réveillaient à qui mieux mieux. — L'électeur de Hesse, après avoir subi la nouvelle constitution qui lui était imposée, subissait un co-gérant et s'éloignait pour ne pas habiter avec lui sa capitale. — Le duc de Brunswick était définitivement détrôné au profit de son frère puîné. — Une insurrection victorieuse en Hanovre, dans l'université de Göttingue, mais pour un instant seulement, menaçait de renaître. — Les troubles de la Suisse se réveillant, à leur tour, entraînaient la division du canton de Bâle et menaçaient la suzeraineté de la Prusse dans le canton de Neuchatel. En Pologne, la déchéance de l'empereur de Russie était proclamée, et l'armée russe s'apprêtait à franchir la frontière. — En Belgique, entre trois princes concurrents à la couronne, bon gré mal gré, sans qu'aucun des trois eût laissé transpirer la moindre prétention ou donné même à espérer le moindre assentiment, à savoir : le duc de Nemours, le prince d'Orange et le prince de Leuchtenberg, le duc de Nemours était choisi, à 89 voix sur 192 votants.

En Italie enfin, le cardinal Capellari était élu pape, sous le nom de Grégoire VI, et, le lendemain, éclatait la conjuration qui devait soulever tout l'État romain.

Il était bien difficile que tant de coups frappés ainsi coup sur coup, et frappés de tant de côtés, à l'exemple de la France quoique sans l'être à son appel, n'y provoquassent pas quelque contre-coup. Aussi, tandis que notre Chambre des députés, livrée à elle-même et privée de ses chefs naturels, se traînait péniblement à la queue d'un ministère décrié avant que de naître, dans le dédale de l'organisation municipale, un accident plutôt inattendu qu'imprévu vint mettre, de nouveau, le feu aux poudres.

Je dis inattendu plutôt qu'imprévu : car l'autorité, quels qu'en fussent les dépositaires, devait nécessairement avoir l'œil ouvert sur les menées du parti qu'on appelait tantôt carliste, tantôt légitimiste, selon les éléments dont il était composé et la direction qui leur était imprimée.

Charles X, malgré son abdication et celle de son fils, régnait en Écosse, au nom de son petit-fils, dans le vieux château de Marie-Stuart; il n'était entouré que d'une petite cour, digne de respect dans son volontaire exil, et ne communiquait qu'à petit bruit avec le petit nombre de serviteurs graves et sensés qu'il avait laissés à Paris, veillant à ses intérêts, sans attendre pour le moment autre chose que des nouvelles et de bons conseils; mais madame la duchesse de Berry n'avait ni cette patience ni cette résignation :

« Ardente et passionnée, avec une certaine dose d'énergie virile et un penchant aux aventures, elle se croyait destinée à être l'héroïne d'une troisième restauration... Pour elle, les abdications étaient un fait dont le bénéfice était acquis, sans restriction, au royal enfant. A elle dont il appartenait désormais, comme mère, tutrice et régente, de veiller aux intérêts de la dynastie. Elle avait établi sa résidence à Londres, loin de la surveillance et des conseils de Charles X, et, là, entourée d'hommes jeunes et non moins impatients qu'elle, elle combinait les projets dont elle attendait la réalisation de tous ses vœux.

» C'était d'elle et de ce groupe impatient que partaient les instructions adressées en France à la faction qui se parait du nom de légitimiste. Là s'était réfugiée toute la vie réelle du parti. On s'y abandonnait aux plus folles illusions. On ne croyait pas seulement au succès probable, on le tenait pour certain et prochain ; on ne répudiait aucun moyen, ni les sourdes menées, ni les pièges tendus au pays, ni les mensonges, ni la calomnie, ni la conspiration, ni la guerre civile... Que l'on ne craigne pas de se servir des idées républicaines pour miner le gouvernement intrus ; le bien naîtra de l'abus de ces idées... Les agitateurs même travaillent pour nous.

» Dociles à ces instructions, les légitimistes se montraient enflammés d'un ardent amour pour toutes les libertés, surtout pour celles qui pouvaient menacer l'existence du gouvernement. Leurs journaux, pleins de caresses pour les républicains, étaient devenus les plus obséquieux courtisans de la démagogie. De ces avances à l'opinion démocratique naissait entre les journaux un échange de bons procédés, et bientôt les légitimistes s'aveuglèrent au point de se persuader qu'en sacrifiant aux colères de l'opinion Charles X et ses ministres, ils avaient reconquis à leur principe le peuple des barricades.

» De cette conviction à quelque folle tentative, la distance devait être courte... Un premier essai avait été fait le 21 janvier, anniversaire de la mort de

Louis XVI. Les églises avaient retenti de prières expiatoires, et rien n'avait troublé un deuil que tous respectaient... Le 14 février était une autre date funèbre,.... celle où le duc de Berry était tombé sous le poignard de Louvel. Ce jour n'était-il pas naturellement indiqué pour réunir autour du catafalque du père assassiné les amis du royal orphelin? Rien ne fut épargné pour donner à la cérémonie un caractère tout politique. Les journaux du parti annoncèrent qu'un service serait célébré dans l'église Saint-Roch, et, à leur langage, aux bruits sourdement répandus, on dut comprendre que la prière était le prétexte et non le but de la réunion.

» Le gouvernement était donc averti. Il savait aussi que les jeunes gens des écoles et des sociétés populaires se disposaient à protester au nom de la Révolution. Sur l'invitation de son collègue de l'intérieur, le ministre des cultes fit des représentations à l'archevêque de Paris et au curé de Saint-Roch; il en obtint la promesse que le service n'aurait pas lieu dans cette église. En même temps, M. de Montalivet signalait au préfet de police les projets qui menaçaient la tranquillité publique, lui donnant l'ordre de prendre toutes les mesures propres à la préserver. Comment se fit-il qu'aucune précaution ne fut prise, et que la cérémonie interdite à Saint-Roch fut simplement transportée à la paroisse voisine? Le préfet de police n'ignorait pas ce que tout Paris savait, et ses agents en surveillance aux abords de Saint-Roch y coudoyaient deux hommes apostés sur le perron qui informaient les arrivants que le service avait lieu à Saint-Germain l'Auxerrois ; mais le préfet de police avait, pour s'abstenir, des raisons que l'on connaîtra bientôt.

» Le 14 février, à onze heures du matin, deux files d'équipages armoiriés, qui se développaient de chaque côté de l'église, disaient assez le nombre et le rang de ceux qui s'y étaient donné rendez-vous. L'église était tendue de noir ; au centre de la nef, éclairée par des feux funéraires, s'élevait le catafalque aux armes royales de Bourbon ; un prêtre à cheveux blancs disait l'office : quarante années auparavant, il avait porté à Marie-Antoinette les consolations de la religion. Rien ne troubla la lugubre prière ; mais, de minute en minute, une foule accourue des sociétés populaires et des faubourgs s'accumulait devant le temple et y exerçait une ombrageuse surveillance. La cérémonie touchait à sa fin, lorsqu'une image représentant le duc de

Bordeaux couvert du manteau royal, circula parmi les fidèles. Puis un jeune homme portant l'uniforme de la garde nationale suspendit ce portrait au catafalque. Au-dessus était placée une couronne d'immortelles, que mille mains effeuillèrent pour s'en partager les débris. Un bourdonnement significatif parcourut alors l'assistance. Les légitimistes se hâtèrent de regagner alors leurs voitures ; l'église fut évacuée et on ferma les grilles.

» Les auteurs de la provocation n'étaient plus là pour en porter la peine ; mais, quand la colère du peuple est excitée, manque-t-elle jamais d'un objet sur lequel elle s'assouvisse ? A quelques pas, adossée à l'un des côtés de l'église, se trouvait la demeure du prêtre qui avait récité les prières. La foule se rua contre le presbytère, qui fut entièrement saccagé. Rien ne fut respecté ; rien, si ce n'est l'appartement occupé par celui des vicaires qui avait béni, dans le jardin du Louvre, la tombe des morts de Juillet.

» Mise en verve par cet exploit, la foule voulut d'autres victimes et d'autres trophées. Elle força les portes de l'église et s'y précipita. Alors ce fut l'une de ces scènes où le burlesque le dispute à l'odieux et qui défie toute description. Les autels sont renversés, les statues décapitées, les tableaux lacérés, les riches vitraux brisés, la chaire, les confessionnaux volent en éclats ; les sculptures si délicatement fouillées dans la pierre ne sont plus que décombres. Le sacrilège s'ajoute au vandalisme, et des hommes couverts, par-dessus leurs guenilles, des ornements sacerdotaux, parodient, aux applaudissements des filles de joie, les plus augustes cérémonies du culte. Le préfet de police et le préfet de la Seine se montrèrent enfin ; mais ils n'essayèrent d'opposer à la rage des démolisseurs que d'impuissantes exhortations, et la dévastation s'acheva sous leurs yeux. Il y a plus, l'autorité s'associa à la destruction. La croix de fer qui surmontait l'édifice était ornée de trois fleurs de lis. Le peuple se mettait en devoir de la renverser, lorsque le maire du VI° arrondissement donna l'ordre de l'abattre. La lourde masse vint avec un horrible fracas tomber sur l'orgue qui fut en partie détruit. Quand la nuit mit fin à cette honteuse orgie, il ne restait plus du monument, l'un des chefs-d'œuvre de la Renaissance, que des murs dénudés et des monceaux de débris jonchant le sol. L'émeute s'était vengée sur les fleurs de lis, sur les images des saints et sur les vases sacrés du défi qui lui avait été jeté.

» Elle ne devait pas s'en tenir là.

» Au moment où elle se retirait, des chefs mystérieux firent courir dans leurs groupes un mot d'ordre qui la convoquait le lendemain à l'archevêché. Il est certain qu'alors les républicains avaient conçu la pensée de profiter de l'émotion populaire pour tenter un coup de main contre le parti modéré. Ils avaient, eux, à prendre leur revanche des journées de Décembre, et n'étaient pas sans espoir de voir l'émeute commencée contre les carlistes s'achever par la déroute du juste milieu, ou même par le renversement de la monarchie. Sous leur impulsion, l'émeute changea de caractère et s'essaya à devenir une insurrection. Des bandes parcoururent les rues brisant les réverbères, insultant ou désarmant la garde nationale, poussant des cris séditieux. Pendant que rien ne troublait la tranquillité autour des hôtels du faubourg Saint-Germain, plusieurs centaines d'individus se portaient rue Coq-Héron contre la demeure de M. Dupin, criant: « A bas le jésuite ! » et manifestant l'intention de le pendre au plus prochain réverbère. M. Dupin ne dut son salut qu'à quelques voisins et à un courageux garde national qui parvinrent à arrêter ces forcenés sur le seuil de la porte jusqu'à l'arrivée de la force armée.

» Le lendemain de bonne heure, une affluence considérable se pressait sur la place Notre-Dame; la plupart de ceux qui composaient ces rassemblements n'y apportaient pas de mauvaises intentions : ils venaient comme spectateurs, en attendant que l'occasion les rendît acteurs. L'autorité n'était pas sortie de son inaction. On avait mis en état d'arrestation quelques-uns des légitimistes les plus notables, MM. de Vitrolles et de Conny par exemple ; on avait lancé un mandat d'amener contre l'archevêque de Paris : tout s'était borné là. Quant à l'émeute, le préfet de police et le préfet de la Seine semblaient décidément n'avoir d'autre mission que de la regarder faire et de converser avec elle. Ces magistrats avaient publié des proclamations où ils excusaient plutôt qu'ils ne blâmaient les fureurs des démolisseurs, réservant toute leur sévérité pour la manifestation légitimiste; le langage du préfet de police était surtout remarquable :
« C'est à l'abri de la liberté que nos lois garan-
» tissent à tous les partis que le parti de la contre-
» révolution cherche à renverser les institutions que
» nous avons conquises. Il a pris notre longanimité

» pour de l'hésitation, notre confiance en nous-
» mêmes pour de la faiblesse. Hier, il s'est démas-
» qué à Saint-Germain l'Auxerrois par une provo-
» cation insensée à la guerre civile, concertée, de
» son aveu même, avec Holy-Rood. Nos lâches
» ennemis n'ont qu'un moyen de compter encore
» dans notre pays, c'est de nous diviser, c'est de ré-
» pandre parmi nous les méfiances et les discordes.
» Souvenons-nous que, depuis un siècle, le mot d'or-
» dre du jésuitisme est : « Haine à la famille d'Or-
» léans ! » On veut pousser le peuple au désordre pour
» éloigner de lui le travail et la sécurité. La raison
» du peuple rejettera ces perfides insinuations ; il
» cessera des dévaster les Propriétés publiques. »

» Le ministère lui-même ne déployait ni plus de vigilance ni plus de fermeté, et *le Moniteur* ne parlait qu'avec déférence de la juste indignation du peuple. On en a conclu que le gouvernement n'avait pas été fâché de laisser voir aux légitimistes, fût-ce au prix de quelques ruines, ce qui les attendait, le jour où ils se trouveraient en face du peuple livré à lui-même. Telle n'était pas la pensée du ministère, qui s'affligeait sincèrement de ces affreux désordres. S'il laissait faire, c'est qu'il ne savait ni n'osait empêcher. Certes, nul n'ignorait les projets de l'émeute ; car elle s'était donné publiquement rendez-vous à l'archevêché, et pourtant, bien que l'autorité eût disposé d'une nuit tout entière pour se préparer à la recevoir, on avait borné les précautions à mettre sur pied, dans les divers quartiers de Paris, quelques compagnies de la garde nationale, et à préposer à la protection du palais épiscopal un piquet d'une centaine d'hommes. Au premier mouvement de la foule ce détachement que commandait, en qualité de chef de bataillon, M. François Arago, n'essaya même pas de résister. Une lourde grille de fer fermait la cour du palais, mille bras robustes s'y attachèrent ; la grille un moment balancée s'ébranle, se rompt et tombe avec fracas. La foule alors commence son œuvre. Elle pénètre dans le palais qu'elle emplit de la cave jusqu'aux combles. Meubles, livres, papiers, tableaux, tout fut mis en pièces avec un acharnement qui tenait du délire. Et, tandis que les uns furetaient dans les recoins les plus cachés, portant partout la hache et le marteau, d'autres transportaient les débris sur le petit pont, d'où ils étaient précipités dans la Seine. Le fleuve entraînait ce qu'il n'engloutissait pas, et plus loin quelques mariniers armés de crochets recueillaient au passage les lambeaux surnageant de tant de richesses anéanties en une heure. On était au mardi gras, journée des folles joies et des mascarades, et l'on eut, pour ajouter un supplément au programme de la fête, le spectacle de quadrilles en plein air, donnés par la populace en habits pontificaux. Après avoir détruit le mobilier, l'émeute s'attaqua aux bâtiments. Les cloisons furent abattues, les escaliers démolis, les plafonds effondrés. Déjà la foule n'ayant plus rien à saccager entre ces murailles béantes semblait menacer la cathédrale du même sort que Saint-Germain l'Auxerrois, lorsqu'une démonstration aggressive de la garde nationale la fit enfin refluer. Elle s'écoula sans résistance; mais pour achever dignement cette journée, elle se porta à Conflans, où les gardiens de la sécurité publique la laissèrent tout à loisir mettre au pillage la maison de campagne de l'archevêque. Pendant ce temps, la garde nationale elle-même ajoutait un dernier acte à la tragicomédie de l'archevêché. Quelques livres étaient restés oubliés par la dévastation; ils servirent de projectiles à ces défenseurs de l'ordre, pour exécuter, au milieu de ces tristes ruines, une parodie du combat du *Lutrin*.

» Dans d'autres quartiers de Paris, les agents des

sociétés populaires avaient cherché à propager la sédition. Des bandes armées s'étaient répandues dans les rues de la rive gauche. Elles criaient : « Vive la liberté! à bas les baïonnettes! à bas la Chambre des députés! vive la République! » Le poste de la Légion d'honneur, celui de la rue du cimetière Saint-André des Arts furent désarmés. Des coups de fusil et des coups de pistolet furent tirés. Le colonel de la 10e légion, qui s'était porté à la rencontre des factieux vit son épée arrachée de ses mains. La place du Carrousel était le théâtre de faits non moins coupables. La masse du peuple s'y était portée, et, sous prétexte d'arracher de l'arc de triomphe les bas-reliefs représentant les épisodes de la campagne d'Espagne, commençait à démolir le monument. Les gardes nationaux accourus pour prévenir cette destruction n'y parvinrent qu'à grand'peine. Un officier fut gravement maltraité. Le chef d'état-major, le général Jacqueminot, crut imposer à la foule : son caractère fut méconnu; il fut renversé de son cheval, entraîné au milieu du groupe, et courut de sérieux dangers.

» Une autre bande d'environ quatre cents individus, précédée de drapeaux sur lesquels on lisait : « A bas la calotte! à bas les jésuites! vive la liberté! »

s'était présentée à l'église Bonne-Nouvelle. Les portes en étaient fermées; elles furent enfoncées; l'église fut pillée; les troncs des pauvres furent vidés; quelques gardes nationaux qui tentèrent de s'opposer aux desseins des malfaiteurs furent l'objet d'indignes violences.

» Pour couronner ces turpitudes et ces scènes de barbarie, l'autorité vint en aide à la sédition. Les maires des divers arrondissements firent arracher du sommet des églises toutes les croix ornées de fleurs de lis. Le gouvernement lui-même donna ordre de faire disparaître cet emblème historique de tous les monuments publics où il en existait encore. Il fit enlever les bas-reliefs de l'arc de triomphe du Carrousel. Enfin, ajoutant à toutes ces concessions une concession plus déplorable, le ministère obtint la signature du roi au bas d'une ordonnance qui supprimait les fleurs de lis de l'écusson royal et du sceau de l'État! Ce fut là pour le roi un douloureux sacrifice. Ce fut aussi une faute, et il se reprocha lui-même plus d'une fois de n'avoir pas su se défendre contre les supplications de M. Laffitte. »

Je transcris encore une fois ici, je transcris, mot pour mot, le récit des événements, en choisissant, entre plusieurs, celui qui correspond le mieux à mes souvenirs, celui qui me paraît le plus exact et le plus complet. En me confiant exclusivement à ma mémoire dans une série de faits où je n'ai pas tout vu, tant s'en faut, de mes propres yeux, je craindrais d'omettre, ou d'exagérer. Or, en ceci, comme on va le remarquer, tout est important : ce fut la vraie crise de la révolution de Juillet.

Je ne m'étais pas trompé, comme on peut le voir, en prédisant au roi que son ministère Laffitte et compagnie n'en avait pas pour trois mois à gouverner, comme il l'entendait, par des concessions et des compliments, par des promesses et des *procrastinations* pour tout remettre à vau-l'eau, et réinstaller la révolution triomphante au seuil du Palais-Royal et du Palais-Bourbon; mais je m'étais trompé en promettant au roi que le remède serait prompt et sûr ; qu'il lui suffirait de faire appel à la Chambre des députés, telle que les événements nous l'avaient faite, à cette Chambre des 221, aguerrie à la lutte contre les factions, recrutée par l'élection d'éléments nouveaux et de bon aloi, qui n'avait point appelé de ses vœux le ministère Laffitte, qui ne le supportait qu'à grand'peine et par prudence, en espérant, en attendant mieux; hélas!

je n'avais pas fait entrer en ligne de compte une aussi énorme sottise que la dissolution d'une telle Chambre par plaisir et de gaieté de cœur.

L'événement ne tarda pas à me détromper. Qui le pouvait prévoir? qui pouvait surtout deviner que ce serait la Chambre elle-même qui s'offrirait en holocauste par étourderie, par bravade, par folle générosité, par sotte confiance en elle-même? mais à quoi ne peut-on pas entraîner une réunion de Français en les piquant d'honneur, en les mettant à pis faire?

Le 17 février, c'est-à-dire le lendemain du jour où l'orgie fumait encore, un homme grave, sensé, très justement considéré en France et au dehors, un vrai sénateur, dans le vrai sens de ce mot, sous l'habit noir du député, M. Benjamin Delessert prit en main la cause de l'ordre, et, s'adressant au ministère, lui demanda compte directement, sévèrement, à bout portant, du sinistre qui ravageait la capitale. Officiellement, c'était au ministre de l'intérieur de répondre; mais M. de Montalivet, tout jeune alors, entré au conseil malgré lui, par dévouement pour le roi, étant de cœur avec nous, il convenait de ne le pas trop presser. Il aurait pu rejeter la faute sur son chef ostensible, sur l'esprit même du conseil, et nous dévoiler les misères dont il gémissait tout le premier. Il était, pour cela, trop homme d'honneur; ce ne fut pas lui, ce furent les subordonnés que lui imposait le conseil qui, mettant le doigt dans la plaie, pour l'élargir, et s'en faisant gloire, nous apprirent où nous en étions déjà et où nous allions. Le grand coupable apparemment, c'était le préfet de police, qui, chargé directement de la surveillance, muni d'instructions très positives, ayant la force en main, avait tout su, tout vu, et tout laissé faire, dans le but, il en convenait lui-même, de prendre les légitimistes la main dans le sac. Comment se justifia-t-il ? en excusant, en glorifiant presque l'émeute qu'il était chargé de réprimer; en accusant le pouvoir qu'il servait; en appelant d'autres hommes et d'autres institutions à la tête des affaires; en traçant le plan d'un autre gouvernement; en sommant les deux Chambres de se dissoudre et de faire maison nette.

Vint le tour du préfet de la Seine.

On ne l'avait point vu durant le sac de l'archevêché. Cela pourtant le regardait. Il était le premier magistrat de la cité; il remplissait les fonctions de maire de Paris. « Je ne doute pas, lui dit ironiquement M. Persil, qu'il ne se soit trouvé sur les lieux, qu'il n'ait parlé à cette multitude égarée, et que ce ne soit qu'après avoir passé sur son corps qu'on ait enlevé les premiers meubles et arraché la première pierre de ce vieil édifice. »

A cette sanglante apostrophe, point d'autre réponse que le silence du dédain; point d'autre que le défi porté par l'inférieur à son supérieur hiérarchique.

Les choses ne pouvaient pas en demeurer là.

Le lendemain 19, M. Dupin reprit l'attaque, et vengea vigoureusement la Chambre des députés des inculpations injurieuses dont elle avait été l'objet; mais, entraîné par l'indignation qui le possédait, il laissa bien malheureusement échapper ces funestes paroles :

« La Chambre a donné, et donnera, en tout temps, je l'espère, l'exemple du dévouement au pays. On peut la dissoudre quand on voudra. Je suis de ceux qui se glorifient d'en avoir fait partie... On l'a accusée de vouloir se perpétuer dans son pouvoir. Quelle est donc l'usurpation dont on l'accuse. A-t-elle résisté à une ordonnance de dissolution? S'est-elle maintenue, bon gré mal gré, dans son pouvoir? Cette Chambre, renforcée de cent cinquante députés, et je suis de ce nombre, qui ont été élus depuis quelques mois, cette Chambre qui a continué ses fonctions de l'aveu du gouvernement avec lequel elle marchait, des ministres dont l'opinion, sous le rapport du dévouement à la révolution de Juillet n'a pu être contestée, a-t-elle cherché à se perpétuer? N'a-t-elle pas dit constamment, quand il a été question de sa dissolution : « C'est à vous de nous dissoudre, et nous ne pou» vons le répéter trop haut en présence de la mal» veillance. » Eh bien, je le dis le premier : prononcez la dissolution de la Chambre; non seulement elle n'y résiste pas, mais elle le désire (Vivement au centre : *Oui, oui!*); chacun de ses membres le désire individuellement (*Oui, oui!*). Je le désire profondément ».

Le mot fatal était lâché.

M. Guizot, qui le sentit et qui mesura, d'un coup d'œil, toute l'étendue du péril, s'efforça de parer le trait en déplaçant l'attention, en reportant le débat sur le fond des choses, sur l'état général des esprits et des affaires, sur les conditions du gouvernement dans un pays libre, au lendemain d'une révolution, sur l'impossibilité de le maintenir à son rang, voire même de le soutenir quoi qu'on fasse, lorsqu'il met son drapeau dans sa poche; lorsqu'il se place, par choix, à la queue de la société au lieu de rester à la tête; lorsqu'il prend, à chaque instant, conseil du vent qui souffle, et se livre au dernier venu.

M. Guizot dit là-dessus de fort belles choses en fort beau langage. Il eut un plein succès, mais un succès inutile; le mal était fait, et M. Laffitte, en lui répondant, après maintes et maintes récriminations, put terminer en ces termes :

« Le gouvernement a cherché dans cette Chambre l'appui qu'il en devait attendre et qu'il en a toujours reçu. Cependant, s'il a vu toujours accord et unanimité de sa part, quand il s'agissait d'obtenir des moyens de force ou de finance, il n'a pu s'empêcher de remarquer dans son sein, sur les importantes questions qui nous divisent, une grande diversité de sentiments. Il a retrouvé ici un peu de cette agitation qui se voit au dehors... Dans cette situation, nous n'avons pu voir bien distinctement une majorité. Hier, messieurs, vous avez semblé croire qu'il en fallait demander une au pays. Si vous persistez dans ce sentiment qui est le nôtre (Voix unanimes au centre : *Oui, oui!*), je prendrai les ordres du roi. Nous réclamerons de vous les moyens de finances nécessaires, des douzièmes provisoires et le crédit extraordinaire de 200 millions ; nous demanderons au pays son vœu définitif, et nous jurons qu'il sera obéi. »

Ainsi *alea jacta erat;* la Chambre des députés, la Chambre qui avait fait la révolution et fondé la nouvelle monarchie, abdiquait, de son plein gré, entre les mains de ses adversaires, livrant l'une et l'autre au hasard des élections, en déchaînant, pour les préparer, l'ardeur des passions à peine amorties.

Le 21 février, M. Laffitte demanda l'autorisation de percevoir quatre douzièmes provisoires, demande que la Chambre, rentrée enfin en elle-même, accueillit d'assez mauvaise grâce.

M. de Bondy fut nommé préfet de la Seine à la place de M. Odilon Barrot, et M. Vivien, préfet de police. Cela valut au ministère Laffitte tout juste trois semaines de répit; ou si l'on veut de déclin précipité par les événements extérieurs.

Je ne ferai qu'indiquer rapidement les causes et les incidents de sa chute. Le plus réel peut-être, sinon le plus ostensible, ce fut la position personnelle de son chef. M. Laffitte était banquier. Sa maison participait naturellement à l'embarras général des affaires, et se trouvait, en outre, compromise par un certain nombre d'opérations où la politique avait eu plus de part que la prudence. Bref, réduit aux expédients, obligé de réaliser, coup sur coup, ses immeubles, il avait eu recours au roi ; il lui avait vendu la forêt de Breteuil pour un prix supérieur à sa valeur du moment ; il en avait obtenu garantie pour un emprunt à la Banque ; enfin, toujours pressé d'argent, il avait pris sur lui, en sa qualité de ministre des finances, d'imposer à l'État le remboursement, à son profit, d'une somme que l'État ne devait pas et que ses prédécesseurs, MM. Roy et de Chabrol, avaient refusé d'acquitter. Cela se savait à peu près, et le bill d'indemnité dont il avait besoin (lequel ne lui fut accordé qu'après sa chute et avec censure) restait, en attendant, suspendu sur sa tête. On peut juger quelle autorité il pouvait exercer soit dans le sein du conseil, divisé comme la Chambre des députés, mais en sens inverse, soit dans le pays, soit à l'étranger ; grandes étaient néanmoins les affaires qu'il avait sur les bras, et plus grandes encore celles dont chaque courrier lui apportait la nouvelle, dont chaque séance redoublait, pour lui, l'urgence et le poids, sans qu'il fût possible de les éluder ou même de les ajourner.

Quelques mots sur tout ceci.

La Belgique nous donnait de grands embarras. Rien n'était plus difficile, malgré la bonne volonté réciproque, que de faire marcher du même pied le congrès de Bruxelles, la conférence de Londres, et le cabinet de Paris, si tant est qu'il y eut à Paris telle chose qu'un cabinet.

Quant à l'indépendance définitive de l'État belge, le congrès avait pris les devants; la conférence ne disait pas non, ni nous non plus, bien entendu, mais le congrès y posait des conditions que la conférence ne pouvait admettre, ni même nous, appuyer à aucun degré.

Protestations des deux parts.

La conférence avait réglé, d'autorité, la question des limites entre la Belgique et la Hollande et la répartition de la dette. Son protocole numéro 12, rejeté à Bruxelles, signé à Londres par M. de Talleyrand notre plénipotentiaire, avait été écarté à Paris par voie de prétérition.

Puis venait la grosse question : qui serait roi des Belges (car personne ne voulait de la république). Il avait plu au congrès de décider à coups de majorités, que la conférence ne serait pas consultée sur le choix de la personne royale, et que le roi des Français le serait; c'était d'un de nos princes que la Belgique était friande; mais on savait, de reste, que, sur ce point, la conférence serait intraitable, et que notre roi ne consentirait pas à prendre la révolution belge à notre compte. C'était pour lui forcer la main, et par lui à la conférence, qu'on le menaçait d'introniser, sur son refus, un Beauharnais, c'est-à-dire un Bonaparte adopté par la Russie. Acculés à cette impasse, que faire? Après six jours de débats, force fut bien d'en venir au vote :

  Majorité absolue 96
  Le duc de Nemours. 89
  Le duc de Leuchtenberg. 67
  Voix perdues. 35
   Point de majorité.

Nonobstant ce beau résultat, M. Surlet de Chokier n'en avait pas moins eu pour mission de venir à Paris offrir à M. le duc de Nemours une couronne médiocrement digne d'envie, et recevoir, en plein visage, un refus assaisonné de condoléances. Que M. Laffitte en fût ou non d'avis, il n'avait plus auprès du roi assez de crédit, ni sur ses collègues assez d'ascendant pour s'y opposer; mais que dire à ses amis du dehors? que répondre aux bordées d'injures dont ils l'accablaient, pour avoir, disaient-ils, sacrifié à la peur de la guerre l'honneur et l'avenir de la révolution? Ce fut encore nous, c'est-à-dire notre majorité qui le tira d'affaire, en inventant de remercier le roi de sa sage décision par une adresse *ad hoc,* pauvre expédient que je fis écarter à la Chambre des pairs, où nous n'avions pas besoin de fermer la bouche à M. de la Fayette, à M. Mauguin et au général Lamarque.

Puis enfin, pour surcroît et comble d'imbroglio, voilà que le roi de Hollande, fort de l'assentiment de la conférence, entendait maintenir ses droits sur le Luxembourg, qui dépendait du corps germanique, et lui donner un gouvernement en dépit du congrès de Bruxelles, qui menaçait, en ce cas, de rompre l'armistice, et d'en venir aux mains pour tout de bon.

C'était à travers ce brouhaha que notre soi-disant cabinet se trouvait contraint *in extremis,* plus encore, j'en conviens, par notre sottise que par la sienne, à bâcler, avant les élections, un certain nombre de lois déjà sur le tapis, lois d'inégale importance, mais dont la moindre aurait exigé pourtant quelque liberté d'esprit, quelque maturité et du temps devant soi.

A la Chambre des députés :

Le budget;

Une loi sur l'admission des étrangers au service de France;

Une loi sur la liquidation de l'ancienne liste civile;

Une loi sur le recrutement de l'armée;

Une loi sur la procédure en matière correctionnelle;

Une loi sur les pensions militaires.

A la Chambre des pairs :

Une loi tendante à mettre à la charge de l'État le traitement des ministres du culte israélite (c'était le résultat d'un travail par moi proposé et légué à mon sucesseur M. Mérilhou, à valoir ce que de raison);

Deux lois, l'une sur le service et la discipline de la garde nationale mobile, l'autre sur le service et la discipline de la garde nationale sédentaire;

Puis enfin la loi nécessaire, celle qui allait disposer de notre sort dans un très prochain avenir; la loi électorale, la loi des lois, même en temps ordinaire; *a fortiori* dans la crise où nous nous étions jetés tête baissée.

Présentée, si j'ai bonne mémoire, le 15 février, devenue, le 22, l'objet d'un rapport dont avait été chargé M. Bérenger, elle fut discutée, presque sans interruption, jusqu'au 9 mars. Dieu sait les vicissitudes de cette discussion. Le plan primitif y fut refondu dans ses parties principales. Le principe des plus imposés fut écarté, et celui du cens fixe maintenu; le cens fixe fut abaissé de 300 francs à 200 francs; le principe des adjonctions fut admis, mais avec une extrême réserve. Le cens d'éligibilité fut réduit à 500 francs. Le principe de l'indemnité fut écarté.

La loi fut adoptée à la majorité de 290 voix contre 62. Ces chiffres indiquent avec une précision presque mathématique la force relative des deux partis entre lesquels la Chambre était divisée.

Alors commença la crise.

Il ne suffisait pas, en effet, à la majorité, pour réparer le suicide qu'elle avait commis envers elle-même, en provoquant, par bravade, sa propre dissolution, de mettre, autant qu'il dépendait d'elle, les élections prochaines et très prochaines en sûreté par une loi qui fût son ouvrage; elle était bien décidée à n'en pas laisser la direction au ministère qu'elle accusait de sa propre faute, entre beaucoup d'autres.

D'autres raisons, d'ailleurs, non moins décisives et plus urgentes lui en faisaient un devoir.

« Depuis les journées des 14 et 15 février, Paris n'avait pas, sans doute, offert de scènes à beaucoup près aussi tumultueuses, mais l'émeute s'y était, pour ainsi dire, établie en permanence; disciplinée, cantonnée tantôt dans un quartier, tantôt dans un autre, elle éclatait au moindre prétexte et ne se calmait que pour reprendre du repos et des forces. Souvent les mesures de l'autorité n'avaient d'autre effet que de semer l'alarme et d'annoncer l'émeute sans réussir à l'empêcher... Le 2 mars, à sept heures du soir, plusieurs rassemblements s'étaient formés sur divers points de la ville. Un certain nombre d'ouvriers s'étaient rendus au Palais-Royal en criant : *De l'ouvrage ou du pain!* leur but apparent étant de planter dans le jardin du Palais-Royal un arbre de liberté... Huit jours après, 10 mars, sur la fausse nouvelle de la défaite des Polonais et de la prise de Varsovie, d'autres rassemblements s'étaient formés et promenés dans les rues, les uns avec un drapeau tricolore, d'autres avec le drapeau noir, la plupart ayant un crêpe au bras et, à la boutonnière une fleur d'immortelle. Quelques groupes s'étaient dirigés vers l'hôtel de l'ambassade de Russie. Deux détonations s'étaient fait entendre ; des pierres avaient été lancées ; des vitres brisées ; on criait : *A bas les Russes!...* Le 11 mars, les étudiants s'étaient rassemblés sur la place du Panthéon, précédés d'un drapeau ; au nombre d'environ deux cent cinquante ils s'était mis en marche, traversant le faubourg Saint-Marceau, pour soulever les ouvriers du faubourg Saint-Antoine ; le 12 enfin, ils s'étaient réunis de nouveau sur la même place, mais c'était pour offrir une ovation à M. Comte (l'un des rédacteurs du *Censeur* devenu procureur du roi) et à M. Mérilhou. M. Comte venait d'être destitué par le ministère, pour avoir résisté à son supérieur hiérarchique, et M. Mérilhou, ministre de la justice, venait de donner sa démission pour n'avoir point à répondre de cette destitution. »

Nous étions, comme on le voit, en pleine anarchie, et ce fut sous les coups redoublés de ce désordre croissant de jour en jour, et presque d'heure en heure, que M. Laffitte se vit contraint par l'urgence même de la situation qu'il avait sinon créée, du moins provoquée, de venir demander un blanc-seing à la Chambre qu'il congédiait, car quel autre nom donner à la proposition d'émettre, sur-le-champ, 200 millions d'obligations, et de négocier la vente de 300 000 hectares de forêts? La Chambre, tout en admettant la nécessité de ce redoutable expédient, se montra tellement résolue, — par le sévère organe de M. Duvergier de Hauranne et le plus sévère encore de M. Berryer, — se montra tellement résolue, dis-je, de ne pas placer un tel pouvoir dans de telles mains, qu'en dépit des efforts réitérés des ministres de la guerre, de la marine et des affaires étrangères qu'elle honorait de sa confiance, M. Laffitte fut obligé, pour trouver grâce, de prendre à peu près l'engagement de se retirer.

Aussi bien son sort se réglait ailleurs et plus haut; la plupart de ses collègues insistaient vivement auprès du roi sur la nécessité de former un nouveau conseil; des pourparlers étaient engagés avec M. Casimir Perier. J'en avais été prévenu par M. de Montalivet et le général Sébastiani, et j'étais entré, de grand cœur, dans ce complot salutaire. Je m'y employai auprès de M. Perier et de M. Louis, qui reculait, non sans raison, devant le fardeau des finances; nos efforts réussirent à grand'peine, tandis que M. Laffitte multipliait inutilement les siens pour recruter, dans la pure gauche, de nouveaux collègues. Il tenait si fort au poste qu'il occupait, malgré le déboire dont il était abreuvé, il s'y cramponnait à tel point, qu'il fallût que le roi lui signifiât son congé de vive voix et face à face.

Le 13 mars, M. Casimir Perier, après avoir assuré sa position auprès du roi, après en avoir obtenu la présidence effective du conseil et la pleine direction des affaires, après s'être assuré d'y trouver, dans les hommes qu'il y appelait, une adhésion complète à ses vues et le courage de le seconder, M. Casimir Perier enfonça son chapeau et prit son parti.

Il se réserva le ministère de l'intérieur, en en détachant les travaux publics et le commerce, qu'il confia à M. d'Argout.

M. Louis se chargea des finances, et c'était une lourde charge.

M. de Montalivet se résigna volontiers au ministère de l'instruction publique et des cultes.

Le maréchal Soult et le général Sébastiani conservèrent l'un le ministère de la guerre, l'autre celui de affaires étrangères.

M. Barthe devint garde des sceaux; c'était un

converti à la politique sensée et modérée, un converti bien converti.

L'amiral Rigny, célèbre par le combat de Navarin, qu'il avait engagé de son chef avec une décision toute politique, fut appelé au ministère de la marine.

En tout quatre ministres nouveaux sans être novices, et tous quatre éprouvés dans la crise que nous venions de traverser.

VI

1831

MINISTÈRE DU 13 MARS

C'était là, plus que nous ne le savions au premier moment, plus qu'il ne le savait peut-être lui-même, un ministère, un vrai ministère, et qu'il me soit permis d'ajouter, *experto credite*, le meilleur qu'ait eu la France sous notre défunt régime constitutionnel.

Ce fut le 14 mars que M. Casimir Perier écrivit à M. Benjamin Delessert, vice-président de la Chambre des députés dont lui-même cessait d'être président, et ce fut le 14 qu'il exposa devant cette Chambre son plan de gouvernement.

Dans l'intervalle M. Baude, ex-préfet de police, avait été admis à développer une proposition tendante au bannissement de l'ex-roi Charles X (c'était le langage du temps), et le premier acte de M. Perier en qualité de ministre fut, tout en reconnaissant, à son grand regret, ce qu'il y avait là d'inévitable, de réserver aux personnes royales les droits de la propriété privée, et d'écarter d'avance tout ce qui pourrait tendre, sous une forme ou démonstration quelconque, à faire revivre la confiscation, abolie par notre pacte fondamental.

Ce même intervalle vit éclore, sans perte de temps, un projet renouvelé du temps de la Ligue, dont le prospectus fut bravement inséré dans les journaux de la capitale.

Il était conçu en ces termes :

« Un comité s'est formé à Paris et a arrêté l'acte d'association suivant, présenté à la signature des patriotes du département de la Seine...

» Considérant que la révolution de Juillet a fait de la souveraineté nationale la base de notre droit public;

» Que déjà, en 1789, le triomphe de ces principes avait armé contre nous la plupart des souverains de l'Europe qui n'ont posé les armes qu'après avoir deux fois rétabli un gouvernement fondé sur le droit divin;

» Considérant qu'il est naturel de craindre que les mêmes intérêts ne dictent aux rois de l'Europe la même conduite à l'égard de la France;

» Considérant que cette nouvelle coalition ne pourrait atteindre son but qu'en relevant le trône de Charles X, ou en partageant la France ;

» Considérant qu'en 1815, la France, livrée à l'étranger par la trahison ou la lâcheté de quelques dépositaires du pouvoir, n'eût pas succombé s'il eût existé, dans chaque département, des centres d'action ralliant tous les citoyens prêts à périr pour sauver la patrie de l'invasion ;

» Les patriotes du département de la Seine, applaudissant aux sentiments qui ont dicté à leurs frères de la Moselle l'acte d'association patriotique de la Moselle ;

» Ont arrêté :

» ARTICLE PREMIER. — Une association est fondée dans le département de la Seine pour assurer l'indépendance du pays et l'expulsion perpétuelle de la branche aînée des Bourbons;

» ART. 2. — Sont membres de la Société tous ceux qui s'inscriront ou se feront inscrire sur les listes insérées dans les journaux ci-indiqués ;

» Art. 3. — Chaque associé s'engage à payer une cotisation de vingt-cinq francs par mois;

» Art. 4. — Tous les associés s'engagent sur la vie et l'honneur à combattre, par tous les sacrifices personnels et pécuniaires, l'étranger et les Bourbons, et à ne jamais transiger avec eux, à quelque extrémité que la patrie se trouve réduite. »

Il était temps, et grand temps, on le voit, que le gouvernement, le gouvernement à titre d'office, se levât et plantât son drapeau, sous peine de rencontrer un rival et bientôt un maître. La nouvelle Ligue, née comme la première hors de la capitale, comme elle prompte à s'y propager, y plantait déjà le sien. Tel était même le désordre, ou, pour mieux dire, le dévergondage des esprits, qu'on voyait figurer sur les listes non seulement les débris de l'hôtel de ville et les sociétés populaires, mais des hommes graves, des fonctionnaires haut placés, des magistats et même des officiers attachés à la personne du roi. Parmi les premiers signataires, on remarquait M. de la Fayette, M. Dupont (de l'Eure), M. Odilon Barrot, le général Lamarque, et vingt députés du côté gauche.

Le 18 donc, le 18 enfin, c'est-à-dire quatre jours après la formation du ministère, M. Casimir Perier, ouvrant la discussion sur les douzièmes provisoires (loi proposée par M. Laffitte), M. Casimir Perier prit la parole.

La salle était comble et l'anxiété grande.

« Messieurs, dit-il, nous vous demandons un vote de confiance ; il importe au cabinet nouvellement constitué de vous faire connaître les principes qui ont présidé à sa formation et qui dirigeront sa conduite. » Faisant d'abord allusion aux tiraillements qui, depuis la révolution de Juillet, avaient incessamment paralysé l'action du pouvoir, il se déclarait résolu à ne les plus tolérer à l'avenir. « L'accord doit régner dans toutes les parties de l'administration. Le gouvernement doit être obéi et servi dans le sens de ses desseins ; il attend, sans restriction, le concours de ses agents. Sans ce concours, la responsabilité n'est qu'un vain mot ; le pouvoir perd sa force et sa dignité. »

Traçant ensuite, à grands traits, le caractère général de son administration : « Les principes que nous professons, reprit M. Perier, les principes hors desquels nous ne laisserons aucune autorité s'égarer, sont les principes mêmes de notre Révolution. Nous devons les établir nettement sans les exagérer ni les affaiblir. Le principe du gouvernement de Juillet, et par conséquent du gouvernement qui en dérive, ce n'est pas l'insurrection, c'est la résistance à l'agression du pouvoir. On a provoqué la France, on l'a défiée; elle s'est défendue et sa victoire est celle du bon droit indignement outragé. Le respect de la foi jurée, le respect du droit, voilà le principe de notre Révolution, voilà le principe du gouvernement qu'elle a fondé.

» Elle a fondé un gouvernement et non pas inauguré l'anarchie. Elle n'a point bouleversé l'ordre social; elle n'a touché que l'ordre politique. Elle a eu pour but l'établissement d'un gouvernement libre et régulier. Ainsi la violence ne doit être, ni au dedans ni au dehors, le caractère de notre gouvernement. Au dedans tout appel à la force, au dehors toute provocation à l'insurrection populaire est une violation de son principe. Voilà la pensée, voilà la règle de notre politique intérieure, et de notre politique étrangère.

» A l'intérieur, notre devoir est simple; nous n'avons point de grande expérience constitutionnelle à tenter. Nos institutions ont été réglées par la charte de 1830. Il faut que l'ordre soit maintenu, les lois exécutées, le pouvoir respecté. C'est d'ordre légal et de pouvoir que la société a besoin, c'est faute d'ordre et de pouvoir qu'elle se laisse gagner par la méfiance, source unique des embarras et des périls du moment...

» Notre ambition est de rétablir la confiance. Nous adjurons tous les bons citoyens de ne pas s'abandonner eux-mêmes ; le gouvernement, loin de les abandonner, n'hésitera jamais à se mettre à leur tête ; qu'ils se confient dans notre ferme résolution de ne souffrir aucune atteinte à la tranquillité publique, aucun empiètement sur l'autorité de la loi. La France a conquis ses droits, elle est libre ; mais elle cesserait de l'être réellement par le désordre. Point de désordre sans oppression, et le pouvoir qui maintient la paix publique assure la liberté...

» Toute sédition est un crime, quelque drapeau qu'elle arbore. Toute violence est un commencement d'anarchie. Nous vous proposons des lois propres à réprimer la violence et la sédition...

» Il importe au repos et surtout à l'honneur de la France qu'elle ne semble pas, aux yeux de l'univers, une société dominée par la violence et la passion. La politique étrangère se lie à la politique intérieure. Pour l'une et pour l'autre, le mal et le remède sont les mêmes. Le mal, c'est encore la défiance. On voudrait amener la France à se défier de l'Europe et l'on cherche à répandre que l'Europe se défie de notre révolution. S'il en était ainsi, l'Europe se tromperait, et ce serait à la France et à son gouvernement de l'en convaincre.

» Nous voulons la paix, si nécessaire à la liberté. Nous voudrions et nous ferions la guerre si la sûreté ou l'honneur de la France étaient en péril ; alors la liberté aussi serait menacée, et nous en appellerions avec une patriotique confiance au courage de la nation. Au premier signal, la France serait prête, et le roi n'a point oublié que c'est dans les camps qu'il apprit, pour la première fois, à servir la patrie.

» Le principe de non-intervention a été posé ; nous l'adoptons, c'est-à-dire que l'étranger n'a pas le droit d'intervenir à main armée dans les affaires intérieures. Ce principe, nous le pratiquerons pour notre compte ; nous le professerons en toute occasion. Est-ce à dire que nous nous engageons à porter les armes partout où il ne sera pas respecté ?

» Messieurs, ce serait une intervention d'un autre genre ; ce serait renouveler les prétentions de la Sainte-Alliance ; ce serait tomber dans la chimérique ambition de tous ceux qui ont voulu soumettre l'Europe au joug d'une seule idée, et réaliser la monarchie universelle. Nous soutiendrons le principe de non-intervention en tous lieux par la voie des négociations; mais l'intérêt ou la dignité de la France pourraient seuls nous faire prendre les armes. Nous ne cédons à aucun peuple le droit de nous forcer à combattre pour sa cause, et le sang français n'appartient qu'à la France.

» Les cabinets qui nous ont précédé ont repoussé l'intervention armée en Belgique. Cette politique eût été la nôtre. Cet exemple nous l'adoptons. En de telles questions, la France, n'en doutez pas, tiendra toujours le langage qui sied à la grandeur de son nom. Jamais nous ne nous défendrons d'une très vive sympathie pour les progrès des sociétés européennes, mais leurs destinées sont dans leurs mains, et la liberté doit toujours être nationale. Toute provocation étrangère lui nuit et la compromet. De la part des particuliers, c'est un mauvais service rendu aux peuples; de la part des gouvernements, c'est un crime contre le droit des gens. La France n'exhortera le monde à la liberté que par l'exemple pacifique du développement de ses institutions et de son respect pour les droits de tous...

» C'est avec assurance, messieurs, que j'expose ces principes. Ils sont les vôtres ; ils sont ceux de cette opposition persévérante au sein de laquelle j'ai combattu pendant quinze ans, et qui, parvenue maintenant au pouvoir, n'abandonnera ni ses amis ni ses opinions. C'est la cause de cette opinion nationale qui a triomphé en Juillet. Ne me sera-t-il pas permis d'ajouter que cette cause est la mienne, et que c'est pour la servir, pour assurer à la révolution de Juillet ses légitimes conséquences que j'ai accepté le fardeau du pouvoir. Mais ce n'est pas seulement en mon nom que je vous parle, messieurs, c'est au nom du gouvernement du roi. Nos principes d'administration intérieure, nos principes sur la guerre et sur la paix sont l'expression de notre unanime conviction. Chacun de nous en accepte la commune responsabilité. Forts de nos intentions nous vous demandons franchement votre concours. Nous vous promettons loyauté et fermeté. Nous refuserez vous votre appui ? »

Je transcris ici mot pour mot cette allocution qui fit époque, et qui fut interrompue, presque de phrase en phrase, par des témoignages d'approbation unanimes sur les bancs de la majorité. C'était, à vrai dire, le manifeste du parti conservateur.

M. Perier eut l'honneur d'en déployer le drapeau et l'honneur, plus grand encore, de le tenir haut et ferme, tant qu'il plut à Dieu de lui prêter vie. Je n'ai pas besoin de dire qu'un tel manifeste était l'œuvre du parti tout entier représenté dans ce qu'il avait de plus résolu et de plus sensé : chaque idée avait été mûrement pesée ; chaque expression passée au crible d'un examen loyal et sévère ; il n'est pas non plus besoin de dire que le défi porta coup, et que la tempête ne se fit pas attendre.

L'éclair, d'ailleurs, l'avait précédé.

Dès l'apparition du ministère au *Moniteur*, le *National* s'était écrié :

« On croyait que messieurs du centre étaient tout à fait découragés et résignés ; ils ne le sont point : ils voient la possibilité d'un second essai de leurs systèmes ; il faut les laisser faire. Le juste milieu aura aussi son 8 Août, et ce ne sera pas, cette fois, la nation qui perdra la partie. »

Le *Courier français* n'entrevoyait là que quelque chose de plus honteux que la Restauration ; le *Journal de Paris* et le *Journal du Commerce* n'admettaient aucune différence entre le ministère Perier et le ministère Polignac.

Aussi, ce nouveau Polignac avait à peine desfendu le dernier degré de la tribune, que déjà les deux têtes de colonne du côté gauche, M. de la Fayette et M. Salverte réclamaient à l'envi la parole. Mais, avant de la leur accorder, le vice-président leur faisant, de la main, signe de se rasseoir et d'attendre, *silentium manu poscens*, force leur fut d'entendre, tout en grommelant, le maréchal Soult exposer l'état de l'armée et les efforts qu'il continuait de faire pour l'établir sur un bon pied, non de guerre, mais de paix solide et durable; le ministre des finances, M. Louis, rendre compte de l'état du trésor, et proposer, pour 1831, l'addition de 50 centimes à la contribution foncière, et le ministre de la justice M. Barthe, soumettre à la Chambre un projet contre les attroupements, ce prélude habituel des émeutes.

Amortie quelque peu par le délai, c'est-à-dire par l'obligation d'endurer, bon gré mal gré, cette série d'explications officielles, l'attaque, après tout, n'y perdit pas un coup de dent. M. de Salverte (Eusèbe) sonna le premier le tocsin d'alarme. Esprit sombre, morose et farouche, prophétisant du bout de son banc comme un Jérémie du

fond de son cachot, il traça de notre situation
présente et de notre prochain avenir un tableau
à faire frémir, en nous signifiant un ultimatum qui
nous mettait, tout au plus, le marché à la main;
mais nous étions trop contents et trop en espérance
pour avoir peur des revenants, et nos adversaires
eux-mêmes, tout en prenant plaisir à l'horoscope,
ne le prenaient guère au sérieux. M. de la Fayette,
plus autorisé par son nom, son âge et son caractère, plus expert d'ailleurs en stratégie par-
lementaire comme en révolution, toucha la question du jour plus au vif, et saisit mieux notre côté
faible. Laissant pour un moment à l'écart, et sauf
à y revenir, tout ce qui s'opérait et se préparait
dans l'intérieur du gouvernement et du pays, ce
qu'il dénonça comme un attentat, en prenant à
partie notre manifeste, ce fut la désertion de ce
principe de non-intervention dont nous avions
tiré si grand parti et fait tant de bruit dans les
affaires de la Belgique. Il soutint hardiment, que
aux termes de nos propres paroles (paroles qu'il
n'hésitait point à faire siennes, de grand cœur), ce
principe, posé comme il l'était par nous-mêmes,
nous engageait, corps et biens, âme et conscience,
au service de toute insurrection, quel qu'en fût le

théâtre, la cause ou l'origine, pour peu que cette insurrection quelconque, se trouvant en péril et menacée du dehors, nous appelât à la rescousse. C'était pour nous (selon lui) un *casus belli* perpétuellement en action ou en prespective, et, par malheur, il n'avait que trop raison.

C'était, en effet, au nom et sur la foi de ce principe, invoqué par nous un peu au hasard, invoqué sans distinction, sans précaution ni réserve, qu'il s'était formé depuis peu en Italie un vaste complot qui, prenant feu à Modène et gagnant de proche en proche Bologne et Parme, menaçait de s'étendre à toute la péninsule. C'était au nom et sur la foi de ce principe que les insurgés de ces trois principautés, s'adressant à ceux de leurs compatriotes qui relevaient du gouvernement de l'Autriche, leur criaient :

« Concitoyens de la Lombardie, imitez l'exemple de la France, imitez les patriotes de l'Italie centrale, brisez les chaînes honteuses dont la Sainte-Alliance vous a chargés. Vous êtes esclaves des étrangers qui s'enrichissent de nos dépouilles. Le jour où vous vous lèverez contre eux, quarante mille d'entre nous marcheront pour vous aider à écraser les Autrichiens. Ne tardez pas, car il y a péril à hésiter; déployez votre courage et le despotisme fuira de nos belles contrées. »

C'était enfin au nom et sur la foi de ce principe qu'à la première nouvelle des dispositions prises par l'Autriche pour réprimer ces provocations et réintégrer en un tour de main les petits princes détrônés par un coup de main, le général Sébastiani, alors ministre des affaires étrangères sous M. Laffitte, s'était empressé de déclarer qu'il ne le souffrirait pas.

En présence de ces événements et de ces paroles, le pauvre général, resté ministre sous M. Perier, obligé de changer de langage en changeant de chef et de direction politique, ne se trouvait pas dans un médiocre embarras. Il s'en tira, tant bien que mal, en ergotant sur la différence entre les mots *ne pas souffrir* et *ne pas consentir*, et en faisant remarquer, d'ailleurs, que pour porter secours aux insurgés de l'Italie centrale, il faudrait passer sur le corps au Piémont ou à la Suisse qui n'avaient point pris les armes contre eux.

La réponse, telle quelle, suffit, pour le moment, grâce à l'entraînement du jour et à la bonne volonté de la majorité; mais le trait resta dans la plaie, et nous en ressentîmes bientôt la pointe acérée, quand la nouvelle des succès et des désastres de la Pologne nous parvint progressivement. Nous n'en étions encore qu'au succès, ou, si l'on veut, aux préliminaires des succès, à la déclaration de Varsovie, à la formation d'un gouvernement définitif, à la bataille de Grochow, à la bataille de Prague, aux combats de Wavre et de Dwilkie; tout allait bien, sans nous, jusque-là, et nous ne connaissions encore ni l'entrée de l'armée autrichienne dans l'État romain, ni la facile déroute de l'insurrection italienne.

Poursuivons.

Ce premier défilé passé, vint le premier piège tendu à ce qu'on qualifiait, en nous, d'ardeur réactionnaire ou même contre-révolutionnaire. Il était dressé et tendu par un de nos disgraciés de la veille, M. Baude, notre ancien préfet de police; c'était, de sa part, une queue, ou, si l'on veut, une revanche de la scène de Saint-Germain l'Auxerrois où il avait fait si pauvre figure. Il déposa le 15 mars, sur le bureau de la Chambre des députés, une proposition tendante à faire prononcer, contre les princes de la branche aînée, la peine du bannissement à perpétuité et l'interdiction de rien posséder en France. Faute par eux d'avoir aliéné dans les six mois toutes leurs propriétés, il serait procédé, pour leur compte, à l'aliénation par l'administration des domaines et le produit déposé à la caisse des consignations, sous déduction des droits de leurs créanciers, et *des dommages qui seraient exigibles en raison des événements de juillet* 1830.

In cauda venenum; tentative de confiscation hypocrite et à la sourdine.

L'auteur de cette proposition espérait surprendre, dans l'accueil qui lui serait fait, quelque chose qui compromît le nouveau ministère et prêtât à la calomnie. Il fut dépisté et déçu dans ce charitable dessein. Prise en considération, à peu près sans débat (il ne se leva contre que trente ou quarante députés), renvoyée sur-le-champ à l'examen d'une commission désignée, séance tenante, cette commission fit son rapport dès le lendemain. Elle substitua au terme légal et juridique de bannissement le terme purement politique d'exclusion du territoire français, et supprima la réserve éventuelle des dommages, désarmant ainsi la proposition de tout son venin.

On tenta vainement de l'y réintroduire dans la discussion, et M. Baude l'ayant alors retirée,

M. Benjamin Delessert s'en empara et la fit sienne; elle fut adoptée par 334 voix contre 122.

Transmise à la Chambre des pairs, et renvoyée par elle à une commission d'élite (le maréchal Jourdan, le maréchal Macdonald, MM. Lainé, de Montesquiou, de Pontécoulant, de Praslin, Séguier), cette commission me chargea du rapport; mais je n'y consentis qu'à la condition d'achever sur le texte l'expurgation commencée par la commission des députés, et d'en éliminer tout ce qui pouvait y rester de l'inspiration qui l'avait dictée. Ainsi fut supprimée, pour les biens non vendus dans les six mois, l'obligation très onéreuse pour les vendeurs de les soumettre aux enchères; ainsi le séquestre administratif durant ce délai; ainsi enfin et surtout la clause saugrenue qui portait abrogation de la loi du 16 janvier 1816 sur le deuil du 21 janvier.

Sous le bénéfice de ces suppressions, la proposition fut adoptée le 9 avril, à la majorité de 88 voix contre 74, et reportée à la Chambre des députés qui n'eut pas le temps de l'adopter avant la clôture de la session.

Vint maintenant la loi destinée à prévenir ou à réprimer les attroupements. Elle était si nécessaire et si modérée, qu'à peine s'il y eut débat; mais M. de la Fayette en prit occasion pour porter devant la législature, et par là devant le public, une question tout autrement vive et plus à l'ordre du jour. Je veux parler de l'association dite nationale dont j'ai indiqué plus haut la formation, et que le gouvernement s'efforçait de dissoudre avec une juste sévérité.

C'était précisément contre cette sévérité que M. de La Fayette s'élevait, non sans quelque peu d'arrogance.

« On a qualifié de conspiration, disait-il, l'association contre le retour de Charles X et de l'invasion étrangère. Déjà j'avais parcouru cette octave de circulaires ministérielles qui, montant graduellement jusqu'au ton le plus élevé, avaient pour but avoué de gourmander vigoureusement le passé et d'intimider, pour l'avenir, les signataires de cette association.

» Je ne me reconnais pas le droit de donner aux autres de si rudes leçons de liberté et d'ordre public, de dévouement à la patrie et de persévérance dans les principes; mais je crois avoir le droit, à la fin de ma carrière, de n'en recevoir de personne. Je me suis étonné aussi de ce que le gouvernement au lieu de reconnaître ce nouveau témoignage de patriotisme, d'attachement à l'ordre actuel, de s'y associer même, ait voulu lui supposer de mauvaises intentions, établir une séparation entre les fonctionnaires publics et la masse des citoyens, tandis que les fonctionnaires se composent de deux catégories, les partisans du dernier régime qu'on a conservés et qui certes ne s'y uniront pas, et les hommes de Juillet, qui ne comprendront guère comment les dépositaires du pouvoir actuel se gendarment ainsi contre une association dont le but très simple et très constitutionnel est de s'opposer au retour de la branche aînée des Bourbons et aux invasions étrangères? Serait-ce que le gouvernement a été piqué d'y soupçonner une certaine méfiance, non de ses intentions, mais de sa prévoyance et de son énergie? Eh! messieurs, votre diplomatie a-t-elle donc été si fière et si superbe, qu'on ne puisse pas concevoir l'idée de dire une fois de plus aux ministres : « Ne craignez rien ; nous vous soutiendrons de tout notre pouvoir. »

Revenant alors sur le fond même de la question, sur l'interdiction intimée à tous les agents de l'autorité de prendre part à cette nouvelle Ligue du bien public, sur la destitution de quelques-uns, puis enfin sur l'insurrection d'Italie et sur l'abandon qui succédait à tant de promesses, M. Casimir Perier prit la parole.

« Des exemples récents nous avaient convaincus, dit-il, la veille de notre entrée au ministère, qu'une grande partie du malaise dont tout le monde et le gouvernement tout le premier se plaignait à cette tribune, était le défaut d'accord entre les dépositaires et quelques agents de l'autorité. L'unité de l'administration nous parut donc la première des garanties à obtenir ou à donner. Une fois notre résolution connue, ce fut une affaire de conscience pour chacun. Chaque fonctionnaire était appelé à juger, en toute liberté, s'il lui convenait de prêter son concours à notre système; et parlons ici de bonne foi et en hommes d'honneur qui s'adressent à des hommes d'honneur, que peut-on dire pour la défense de fonctionnaires dissidents qui ne soit une injure pour leur conscience, puisque l'apologie qu'on essaye se réduit à nous prouver qu'ils ont le droit de servir le gouvernement malgré lui? que le gouvernement doit sa confiance à des hommes qui lui refusent la leur, et qu'il y a pour eux honneur à faire partie d'une administration qu'ils réprouvent?

» Non, messieurs, nous avons traité plus dignement les hommes que le gouvernement, à quelque époque que ce fût des huit derniers mois, avait jugés dignes de sa confiance. En expliquant nos vues, notre système, nous avons fait un appel à l'appui ou à la conscience de tous les agents de l'autorité; c'était témoigner à tous une estime que semblent leur refuser ceux qui nous reprochent d'avoir déclaré une incompatibilité que nous avons eu seulement le regret de reconnaître après eux; car nous acceptons, nous, leur appui sur la foi de leurs paroles, et nous ne demandons qu'à eux-mêmes de décider leur position. Presque tous, n'en doutons pas, répondront à cet appel de confiance par un concours sincère. S'il en est qui conçoivent de la méfiance contre le gouvernement, car on s'est servi du mot méfiance pour qualifier l'esprit de l'association dite nationale, ceux-là, nous n'en doutons nullement, ne croiront pas qn'ils doivent, comme on le leur conseille, tromper notre confiance. La confiance, pour être utile, doit être mutuelle.

» Et cette méfiance cachée, nous dit-on, au fond de l'association, quel en est le prétexte, quels en sont les instigateurs? Quel en est le but? Depuis huit jours, nous avons donné l'exemple d'explications franches sur les questions les plus délicates. Il y a ici des membres de cette association; qu'ils s'expliquent à leur tour; qu'ils nous disent ce qu'ils veulent que nous ne voulions pas comme eux, si la Charte le veut aussi? Qu'ils nous fassent connaître ce qu'ils entendent promettre de plus par leur signature que ce qu'ils ont promis au roi, à la Chambre et au pays, par un serment déposé au pied du trône et de la tribune? Quelle lacune dans l'action du gouvernement se proposent-ils de remplir? Veilleront-ils mieux aux intérêts de l'armée, de la marine, de l'administration que les ministres du roi?

» Toutes les opinions, ajoutait M. Perier, sont libres dès qu'elles sont avouées. Ce que je viens donc demander c'est qu'on les avoue, qu'on les explique, qu'on les définisse. On nous parle d'un programme de l'hôtel de ville qui n'aurait été accepté ni exécuté. Quel autre programme avons-nous en France que la Charte, qui a été acceptée par le roi et sera toujours exécutée par les hommes dignes de sa confiance?

» J'y étais, moi, à l'hôtel de ville, et je n'y ai entendu discuter sérieusement que ce qui est dans cette charte que nous avons tous jurée après le roi. La Charte, voilà notre programme à tous.

» Le roi n'a rien promis qu'à la France; la France ne demande au roi rien de plus que ce qu'il a promis.

» Les promesses de politique intérieure sont dans la constitution. S'agit-il des affaires du dehors? Il n'y a de promesses que les traités. L'honneur français ne peut être intéressé que dans des questions qui le touchent, et le sang français n'appartient qu'à la France.

» Des secours ont été promis, dit-on. Par qui? A qui? Jamais par le gouvernement. Si quelqu'un a parlé au nom et à l'insu de la France, il est de son devoir d'accepter la responsabilité de ses promesses en le déclarant.

» Le principe de non-intervention proclamé à cette tribune n'était pas une protection offerte ou accordée aux peuples qui s'insurgent contre leur gouvernement; c'était une garantie donnée aux intérêts bien entendus du pays, et aucun peuple étranger n'a droit d'en réclamer l'application en sa faveur.

» Qu'on ne cherche donc pas à rejeter sur le gouvernement la responsabilité de ce qu'on a pu dire ou faire au dehors de son action, en s'efforçant, comme on pourrait l'induire, d'une phrase prononcée par le général La Fayette, de persuader aujourd'hui à l'Europe qu'un crédit éventuel demandé par nous en présence de l'occupation de Bologne puisse avoir pour motif ou pour objet aucune espèce de propagande.

» Nous n'acceptons pas la responsabilité d'un demi-mot qui nous associerait à des choses que nous ne connaissons pas, à des promesses dont nous ne sommes pas complices. Le gouvernement n'a été préoccupé dans ces propositions, toutes de prévoyance, que des intérêts de l'indépendance et de l'honneur de la France. Il n'a voulu qu'appuyer des négociations entamées sur les affaires d'Italie, et qui, nous l'espérons, se termineront à la satisfaction des deux puissances... On nous déclare qu'on ne veut point partager la responsabilité de notre prudence; nous déclarons, nous, que nous répudions toute autre responsabilité.

» Oui, nous avons demandé un concours sincère aux agents de l'autorité; leur honneur nous l'assure, et il n'y a de gouvernement possible qu'à ce prix.

» Oui, nous regardons comme injurieuse la

méfiance des associations qui usurpent nos devoirs.

» Oui, nous avons adopté comme le programme unique et complet des droits du peuple la Charte avec toutes les conséquences légales qu'elle indique, seules conséquences légales de la Révolution.

» Oui, nous repoussions de toutes nos forces la complicité d'aucune sanction donnée à des promesses, quelles qu'elles soient, car devant l'étranger comme devant le pays, nous expliquons nettement notre politique. Nous l'expliquons aux fonctionnaires comme aux Chambres. Cette franchise est, à nos yeux, le premier besoin de l'époque; elle met tout le monde à l'aise; elle évite à tous aussi de se mettre dans leur tort; c'est la première garantie pour les peuples et pour le pouvoir surtout, qui, après des déclarations aussi franches, ne craint pas que des promesses faites au dehors, ni des programmes réservés au dedans puissent le compromettre au yeux de la France et de l'Europe.

» C'est à vous, messieurs, à nous accorder maintenant les crédits et les lois que nous vous avons demandés pour appuyer des déclarations aussi explicites; vous connaissez toute l'étendue des ressources nécessaires; vous connaissez toute notre pensée : votre confiance peut compter sur notre dévouement. »

J'ai transcrit, mot pour mot, cette allocution magistrale, sous laquelle les assaillants, bon gré mal gré, courbèrent la tête; magistrale, c'est le *mot propre* : attitude, accent, langage, tout était d'un maître.

L'exécution suivit de près; je veux dire la destitution des fonctionnaires publics qui restaient engagés dans la soi-disant association nationale. Le plus marquant fut Alexandre de Laborde, qui cessa de remplir les fonctions d'aide de camp du roi.

Vinrent alors les lois de finances.

Toutes les propositions furent adoptées, non sans discussion, mais sans difficulté réelle, et, dans le nombre, un crédit éventuel de 100 millions pour faire face aux circonstances nouvelles qui pourraient naître de l'entrée des Autrichiens à Bologne.

La loi électorale modifiée par la Chambre des pairs ayant été définitivement adoptée, le roi vint en personne, le 16 avril, ajourner la session au 15 juin.

Le 31 mai, la Chambre des députés fut dissoute,

les collèges électoraux convoqués au 5 juillet et la session nouvelle au 5 août, date qui fut depuis rapprochée au 28 juillet.

Durant les deux mois qui s'écoulèrent entre le 16 avril et le 5 juillet, c'est-à-dire entre la clôture de la session et la réunion des collèges électoraux, il ne survint rien de bien important. Le roi fit un premier voyage dans les départements de la Normandie et de la Picardie, puis un second voyage dans les départements de l'Est. Il fut accueilli partout avec un grand enthousiasme; c'est ce qui arrive inévitablement à tout roi qui voyage, ce qui était arrivé à Charles X lui-même, la veille de sa chute, et précisément dans les mêmes villes et les mêmes localités. Je ne me fis, quant à moi, sur cet accueil pas la moindre illusion.

En l'absence du chef de l'État, et plutôt pour essayer leur force et se compter que pour attaquer à fond, nos républicains ne cessèrent de prodiguer les démonstrations turbulentes. Tout prétexte leur était bon : un jour, c'était le dénouement d'un procès politique intenté mal à propos à leurs camarades; un autre, c'était le deuil de l'empereur, anniversaire de sa mort à l'île Sainte-Hélène; plus tard, c'était la distribution de médailles et de rubans aux combattants de Juillet; plus tard enfin l'anniversaire de la prise de la Bastille. Mais le gouvernement était sur ses gardes; partout le désordre fut contenu et les attroupements dissipés, presque sans effusion de sang et même sans beaucoup de difficulté; bientôt on ne pensa plus qu'aux élections.

Dès le 3 mai, M. Perier avait adressé à tous les préfets une circulaire excellente, une circulaire qu'en pareille occurrence tout ministre de l'intérieur ferait bien de reproduire intégralement. Il s'y rencontrait néanmoins un paragraphe un peu téméraire :

« Pour moi, monsieur le préfet (ainsi s'exprimait M. Perier), je vous dirai sans détour l'intention générale du gouvernement; il ne sera pas neutre dans les élections; il ne veut pas que l'administration le soit plus que lui. Sans doute, sa volonté est, avant tout, que les lois soient exécutées avec une rigoureuse impartialité, avec une loyauté irréprochable. Aucun intérêt public ne doit être sacrifié à un calcul électoral, aucune décision administrative ne doit être puisée dans d'autres motifs que le vrai, le juste et le bien commun; les opinions ne doivent jamais être prises pour les droits; enfin l'indépendance des consciences doit être scrupuleusement respectée. Le secret du vote est sacré, et aucun fonctionnaire ne doit être responsable du sien devant l'autorité... Mais entre l'impartialité administrative et l'indifférence pour toutes les opinions, la distance est infinie. Le gouvernement est convaincu que ses principes sont conformes à l'intérêt national ; il doit donc désirer que le vœu national les confirme ; il doit désirer que les collèges électoraux élisent des citoyens qui partagent ses opinions et ses sentiments. Vous le désirez autant que lui ; il n'en fait pas mystère, et vous devez ainsi que lui le déclarer hautement. »

Ce paragraphe fut fort attaqué et ne pouvait guère manquer de l'être, non pour le fond même des idées, elles n'avaient rien que de vrai ; non pour la conduite imposée à l'administration, elle n'avait rien que de juste, mais était-il bien prudent, presque au lendemain des élections Villèle-Corbière, de prendre l'initiative sur un point aussi délicat et de rédiger, *ex professo*, une théorie qui pouvait prêter à des suppositions injurieuses et prendre, en quelque sorte, une apparence de bravade? Quant à moi, me disait un jour, à ce sujet, M. Thiers, je ne poserai jamais de règles générales, en ce qui touche l'action du gouvernement sur les élections; je me bornerai à bien choisir mes agents, à les diriger, ou plutôt à les inspirer, et quand il seront attaqués à les défendre *mordicus*.

Les élections nouvelles furent comme les précédentes paisibles et régulières, mais infiniment plus animées. Il fallait s'y attendre; en politique tout est, à certain degré, action et réaction, non seulement entre les partis, mais dans l'intérieur même des partis. Nous respirions un peu, d'ailleurs; le baromètre n'était plus à la tempête; avec la crainte de rentrer en révolution du soir au lendemain, diminuait, même chez les gens les plus sensés, celle de se diviser, ne fût-ce qu'une fois et pour un moment; pour tout dire enfin, notre parti n'était pas unanime sur toutes les questions, et, par malheur, il s'en rencontrait une, cette fois, que nous ne pouvions ni gouverner ni étudier, et qui ne pouvait manquer de porter dans la lutte électorale l'incertitude et la confusion.

J'ai expliqué en son lieu comme quoi la commission chargée, en 1830, d'arrêter définitivement la rédaction de la charte, après avoir, à mon grand regret, admis le très funeste article additionnel qui mutilait la Chambre des pairs en annulant toutes les nominations faites par Charles X, avait ajouté de son chef à cet article un paragraphe ainsi conçu :

« Pour prévenir le retour des graves abus qui ont altéré le principe de la pairie, l'article 70 de la charte constitutionnelle qui donne au roi la faculté illimitée de nommer des pairs sera soumis à un nouvel examen dans la session de 1831. »

Rien n'était plus dangereux que de laisser ainsi en suspens et comme en l'air l'existence et la consistance de l'un des trois pouvoirs sociaux; rien n'était plus imprudent que cet effet à courte échéance tiré on ne sait sur qui; c'était compromettre, pour ne rien dire de plus; c'était presque livrer le principe de l'hérédité, cette pierre d'achoppement de nos rancunes démocratiques; et le pire, c'était que notre roi était là dedans de moitié; c'est qu'il préférait, sans trop s'en cacher, à une Chambre des pairs indépendante et *sui juris*, un Sénat conservateur, c'est-à-dire un hôtel des invalides pour les fonctionnaires émérites, et une maison de plaisance pour les courtisans et les complaisants. Faut-il s'étonner, dès lors, si l'abolition de la pairie en tant qu'héréditaire devint la clameur de haro, ou, comme on dit en Angleterre, le *cry* des élections nouvelles ; si le parti ministériel se divisa sur ce point capital, si nous y perdîmes la partie la plus jeune et la plus vive des nôtres, et si la lutte, comme il arrive toujours, dépassant son propre but et portant plus loin que sa cause, l'opposition garda, plus ou moins, les recrues qu'elle faisait dans nos rangs, et si l'ancienne majorité se représenta sur le terrain de la Chambre avec moins d'homogénéité et de solidité que dans la session précédente.

Il y avait toujours lieu cependant de bien espérer pour le ministère ; car, dans l'intervalle écoulé depuis la dissolution, il avait en vérité fait merveille.

Grâce à l'attitude ferme et mesurée de M. Perier dans ses rapports de chaque jour et presque de chaque heure avec le corps diplomatique accrédité au Palais-Royal et presque y siégeant en congrès ; grâce à l'activité, à l'autorité, à l'adresse de mon meilleur ami Sainte-Aulaire, notre ambassadeur à Rome, les affaires d'Italie touchaient à leur terme. Entrés à Bologne le 21 mars, et le 29 à Ancône, presque sans résistance, les Autrichiens lâchaient prise ; ils allaient quitter l'État romain dans les premiers jours de juillet ; le saint-siège en était d'accord, mais c'était peu ; sur la demande formelle de la France, appuyée, en cela, par toutes les cours de l'Europe, le saint-siège prenait l'engagement de prévenir le retour des désordres, en réformant profondément le régime temporel des États de l'Église. Enfin l'un des chefs de la sédition, le fils cadet du feu roi de Hollande, poursuivi et aux abois, en était réduit à venir incognito, avec la reine Hortense sa mère, chercher un asile en France, et réclamer de la bonté de notre roi une protection et des secours qui ne lui étaient point refusés. Que nous étions déjà loin du jour, encore bien près cependant, où notre ambassadeur à Vienne, M. le maréchal Maison, prenait sur lui d'écrire à son collègue de Constantinople (le général Guilleminot) que la guerre générale allait éclater, et où celui-ci se croyait fondé à passer, sur ce sujet, un office au Divan, et pour ainsi dire à en donner le signal!

La guerre, il n'en était plus question désormais; c'était, de toutes parts, à qui se ferait honneur d'en conjurer le démon; personne ne la craignait plus de notre entraînement révolutionnaire; personne n'osait, non plus, nous en menacer, et ce n'était pas, non plus, par des actes de faiblesse ou de

complaisance que nous achetions notre sécurité :
tant au dedans qu'au dehors, notre franc agir,
qu'on me passe le terme, égalait notre franc parler;
au dedans, l'émeute en savait quelque chose; au
dehors, on en voyait les preuves à l'instant même.
L'intime allié de l'Angleterre, le roi de Portugal,
dom Miguel, puisqu'il faut l'appeler de son nom,
s'étant porté contre nos nationaux, dignes ou non
d'intérêt, à des actes de brutalité sans pareille, et,
s'étant refusé aux réparations que nous avions droit
d'exiger de lui, ce tyranneau bien apparenté se
trouvait bloqué dans son palais, sous le feu des
batteries de notre escadre, le passage du Tage
forcé, ses fortins démantelés, et sa petite escadre
notre prisonnière. On peut juger si cet acte de vigueur faisait beau bruit de l'autre côté de la
Manche. « J'ai senti, s'écriait en plein parlement
le duc de Wellington, ni plus ni moins, j'ai senti,
moi sujet anglais, la honte couvrir mon front,
au spectacle d'un ancien allié ainsi traité, sans que
l'Angleterre fît rien pour s'y opposer. » Il n'en fut
pourtant que cela, et le protégé du vainqueur de
Waterloo dut en passer par une amende honorable envers la France et par une autre amende,
celle-ci en beaux ducats sonnants, dont le chef

de notre escadre, M. l'amiral Roussin, régla le *quantum.*

Me sera-t-il permis d'ajouter, comme un triste souvenir, que cette rançon imposée au malfaiteur en raison et en proportion de son méfait, je fus chargé, plus tard, de concourir à la distribution entre ses victimes? Une commission ayant été nommée *ad hoc* sous la présidence de M. Cuvier, car M. Cuvier était propre à tout et prêt à tout, même à cela, j'en fis partie, et ce fut, pour moi, la dernière occasion de serrer cette main illustre. En me quittant, M. Cuvier ressentit la première atteinte de choléra; il rentra au Jardin du roi, se mit au lit, et ne s'est pas relevé.

III

1831

MINISTÈRE DU 13 MARS

CONTINUATION

Ce fut, qu'on me passe la digression, au plus fort de la crise que nous traversions, et presque sous le feu de l'irritation qu'excitait en Angleterre notre coup de main sur le Portugal; ce fut, dis-je, à ce moment même que je fis un voyage à Londres, ou plutôt une excursion rapide, à l'instante demande de M. Perier, qui paraissait y attacher beaucoup d'importance. De mon côté, je m'y prêtai volontiers; ce pays offrait alors, par un concours de circonstances analogues à certains égards, un spectacle aussi curieux que le nôtre. Le ministère

Wellington venait de tomber avec fracas. Après trente ans de luttes glorieuses, mais sans succès, et longtemps même sans progrès apparents, le ministère de lord Grey venait d'arborer avec non moins de fracas l'étendard de la réforme électorale. Tous les whigs, anciens ou récents, répondaient à cet appel, les héritiers mêmes de Canning lui faisaient beau jeu ; mon ami lord John Russell venait de proposer, à cet effet, un bill tant soit peu radical, disait-on, et ce bill, adopté dans la Chambre des communes par une faible majorité, ayant été rejeté dans celle des lords, lord Grey, espérant obtenir une majorité plus prononcée, avait renvoyé les Communes à leurs commettants. Les électeurs étaient convoqués, et le branle allait commencer, quand, parti de Paris le 23 avril, j'arrivai à Londres par la Tamise dans la matinée du 24.

Le but de mon voyage, je viens de le dire, ne m'était pas personnel. J'ai conservé le texte des instructions dont j'étais muni. Le ministre des affaires étrangères (Sébastiani) les avait dictées en ma présence au directeur de la division politique (Desages) ; elles n'étaient guère que pour la forme. Je n'étais chargé que d'insister sur les divers points qui s'y trouvaient indiqués, le tout suivant, d'ailleurs, son cours d'exécution par la voie officielle ; mais M. Perier, en réclamant de moi ce bon office, s'était surtout proposé de mettre M. de Talleyrand bien au fait de la position de notre ministère et de l'état de nos affaires ; de lui donner ces renseignements de détail, ces appréciations personnelles que le style de dépêche ne comporte pas, et que les lettres particulières elles-mêmes n'expliquent qu'à demi, lorsqu'elles proviennent des parties intéressées et ne répondent qu'à leur pensée ; mais le moment n'était pas bien choisi. Voici, en effet, ce que je retrouve dans la première pièce de ma propre correspondance.

« Londres, 25 avril, cinq heures du soir.

« Je n'ai encore vu personne, que M. de Talleyrand et madame de Dino, qui m'ont reçu à bras ouverts. Tout est ici sens dessus dessous, à ce qu'il paraît. On dit que, depuis 1648, on n'a rien vu de pareil, que chacun va dépenser son dernier écu pour les élections qui se préparent ; elles commencent cette semaine, ainsi j'en verrai quelque chose. Il paraît que c'est un spectacle à ne pas manquer, car un tel événement ne se reverra plus. Tout ceci préoccupe tellement les esprits, que probablement je ne serai pas venu ici pour autre chose; j'essayerai cependant. Londres m'a paru accru, grandi, embelli, plus magnifique que je ne l'avais laissé il y a huit ans. Ce serait dommage qu'un pareil pays devînt la proie des jacobins; j'espère que la Providence y mettra bon ordre. On est, à ce qu'il paraît, en grand doute sur les résultats des élections; chaque parti se promet une victoire certaine; mais nous verrons bien. J'aimerais mieux être sûr des nôtres. »

Ce que je prévoyais ne manqua pas d'arriver.

J'écrivais le 28 :

« J'ai déjà vu à peu près toutes les personnes que je comptais voir; mais mon voyage sera superflu. Tout ce que j'étais destiné à faire se faisait sans moi, et je l'ai trouvé terminé à mon arrivée. Je ne sais si tout cela réussira; mais, en tout cas, les affaires de France et celles de Belgique ne font pas grande figure céans. Le bill de réforme emporte tout avec lui; personne ne pense à autre chose et ne veut entendre parler d'autre chose. »

Et, le 29 :

« J'ai de Londres par-dessus la tête. Dans un brouhaha pareil à celui-ci, nos affaires et nos personnes françaises ne font pas grande figure. »

Et, le 30 :

« Rien au monde ne pourrait me décider à rester ici, soit comme ambassadeur, soit à tout autre titre. Le fracas y devient de plus en plus assourdissant, sans qu'il y ait, au fond, d'intérêt bien réel; je ne crois pas qu'il soit possible d'unir plus de magnificence à plus d'ennui; cela va croissant d'année en année. »

Enfin, le 1er mai :

« Les élections tournent tout à fait en faveur du ministère. Je vais repartir très content de l'accueil que j'ai reçu de tout le monde et de M. de Talleyrand en particulier; il est impossible d'avoir été pour moi plus aimable qu'il ne l'a été, et j'ai conçu une plus haute idée de son habileté que je ne l'avais; il en remontrerait à bien d'autres qui prétendent en savoir plus que lui; ne riez pas, quoique ce soit à peu près là ce que disait madame de Sévigné de Louis XIV, quand il l'avait invitée à danser. »

N'ayant absolument rien fait, d'ailleurs, je ne puis parler ici que de ce que j'ai vu. J'ai vu les élections de Londres, celles de Londres seulement, car il était tout à fait impossible de sortir de la banlieue : plus de chevaux aux stations, plus de place dans les auberges, point de voitures publiques qui ne fussent combles jusqu'à la dernière sommité de l'impériale; mais j'ai fréquenté les *hustings* de quartier en quartier; j'ai entendu les candidats pérorer les uns contre les autres, avec force injures réciproques et force interruptions tumultueuses qui faisaient en sorte d'être violentes; je dis qui faisaient en sorte, car, au fond, tout ce fracas me parut plutôt affaire de tradition et de parti pris que de passion et d'entraînement. Il en était autrement, ce semble, et bien plus pour tout de bon dans les luttes de la grande époque, entre les whigs pur sang et les torys de vieille roche, entre les foxites des deux Fox, et les pittites des deux Pitt, et la question actuelle, quelque brûlante qu'elle fût, ne compensait pas ce qu'avait enlevé aux tempêtes électorales le progrès, ou, si l'on veut, l'amollissement des mœurs modernes.

C'est ce que me fit remarquer un homme de grand sens qui connaissait l'Angleterre de longue date, M. Van de Veyer, alors envoyé de Belgique. Il avait bien voulu m'accompagner dans ma tournée. « J'y mène mon fils encore enfant, me dit-il, afin qu'il ait vu ce qui reste encore de ce qu'il ne verra plus quand il sera grand; » et c'est ce qui me fut confirmé par deux autorités antagonistes, et par cela même également croyables. Dînant chez mon ancienne amie, lady Jersey, jadis whig mais devenue tory très ardente, depuis que sa famille s'était alliée à celle de sir Robert Peel, elle me dit tout haut, en face de plusieurs whigs nos amis communs : « Tout ce tapage que vous entendez n'est qu'un jeu joué et fait à la main ; le ministère est de moitié avec le *mob*, il est lui-même le *mob !* » Et, le lendemain, dînant à Holland house, je citai le propos devant le maître du logis, qui me répondit avec sa bonhomie fine et souriante :

— Oh! dans le bon temps, le *mob* était le *mob*, et personne ne s'effarouchait pour si peu.

Que ce changement en bien ou en mal, comme on voudra, dans les dispositions et les allures des classes populaires, ait contribué à réconcilier avec les idées de réforme la partie timide et récalcitrante des classes supérieures, cela se peut, et hâté, par là, ce qui se préparait depuis longtemps ; mais il y a réforme et réforme, et, supposant, ce dont aucun bon esprit ne doutait, qu'il fût à propos de faire un pas, voire même un grand pas en ce sens, il ne s'ensuivait pas, peut-être, que ce pas dût être le saut périlleux, et que le bill de mon ami lord John ne dépassât pas la mesure.

C'est sur quoi je tenais à être éclairé. J'aimais l'Angleterre alors comme les ultramontains aiment Rome ; c'était ma seconde patrie, et, comme je n'en faisais mystère à personne, j'étais bien accueilli dans les deux camps, par lord Bristol comme par lord Brougham, par sir Robert Inglis comme par sir Robert Wilson.

J'allais donc interrogeant, de droite et de gauche. Je pris même la liberté de soumettre, avec les ménagements convenables, mes doutes et mes appréhensions au *lord of the ascendant*, lord Grey, dans son sanctuaire actuel de *Downing street;* il me répondit avec sa gravité naturelle et sa bienveillance ordinaire pour moi : « On doit éviter, autant qu'il se peut, les grands changements dans l'ordre établi ; on doit attendre et patienter tant que cela est possible avec honneur et sécurité ; mais le moment venu, *age quod agis.* » C'était, du reste, ce qu'il m'avait dit déjà, dix ans auparavant (1822), lorsqu'il n'était encore question ni de révolution en France, ni de réforme en Angleterre.

Lord John Russell fut, avec moi, plus explicite et non moins péremptoire. Il convint ingénument que son bill excédait un peu les exigences de l'opinion et même l'attente des whigs les plus prononcés; mais, cela même, ajoutait-il, c'est de la prudence. « Sur un sujet pareil, il ne faut pas s'y reprendre à plus d'une fois; il faut que la réforme actuelle en finisse pour longtemps avec toute idée de réforme, sous peine de vivre, de crise en crise, dans un état d'agitation perpétuelle. »

L'intention sans doute était bonne et digne d'un homme d'État; restait à savoir si le but serait atteint; si même c'était la bonne voie pour l'atteindre. C'est sur quoi je sus bientôt à quoi m'en tenir.

J'étais lié depuis nombre d'années avec M. Hallam, le premier publiciste que l'Angleterre eût alors, et je crois le premier de ceux qu'elle ait jamais eus, homme d'une érudition profonde, d'une sagacité merveilleuse, d'une pénétration presque infaillible, esprit aussi libre que libéral, whig sans préjugé de parti, cœur ferme, jugement sûr; l'homme qui avait saisi le plus au vif et suivi, dès l'origine, jusque dans ses moindres détails et dans ses moindres vicissitudes historiques, le mécanisme délicat et compliqué de la constitution britannique. « Hallam, disait M. Royer-Collard avec sa verve originale et expressive, ce n'est pas un homme, c'est un œil; rien ne lui échappe, rien ne l'émeut et tout l'éclaire. » M. Royer-Collard ne se lassait pas de le relire.

Naturellement, dès mon arrivée, j'avais été frapper à sa porte, mais sans le trouver; deux jours après, le rencontrant au *British Museum*, et sachant, par la rumeur publique, qu'ami de la réforme en principe, il n'était pas trop content de celle qui se préparait, je lui témoignai le désir de m'en entretenir avec lui. « Très volontiers, me répondit-il; et, justement demain, de bonne heure, Lord Lansdowne vient déjeuner chez moi; soyez de la partie; nous serons seuls et nous causerons. »

Je n'eus garde d'y manquer.

Le lendemain, au coup de huit heures, j'étais à mon poste, et lord Lansdowne entrait dans l'enviable librairie de notre ami commun. Dès les premiers mots échangés entre les deux interlocuteurs (je ne figurais là que comme auditeur bénévole), je vis clairement que notre petite réunion tenait du rendez-vous plus que de la rencontre. Lord Lansdowne, qui, sans être le chef en titre du ministère, y tenait un rang principal, avait sans doute désiré réconcilier au nouveau bill un écrivain dont l'opinion était d'un grand poids. Je vis également qu'il était sur la défensive; car, à la dixième phrase, je vis surgir l'apophtegme de l'auteur de ce bill, à savoir qu'en fait de réforme électorale, c'était affaire de bon sens d'aller, sur-le-champ, aux limites du possible, afin de n'y plus revenir. Je vis que c'était là l'argument pratique entre gens qui s'entendaient à demi-mot et n'avaient point de temps à perdre en lieux communs, en chicane et en ergotage.

» Je reconnais, nous dit à cela notre sage mentor, que toute réforme électorale qui procède *a priori*, qui fait table rase et bâtit à neuf, court grand risque de glisser sur une pente où les temps d'arrêt ne sont qu'apparents parce qu'ils sont arbitraires. Toute restriction au droit de suffrage se fonde nécessairement sur des présomptions d'incapacité trop incertaines et trop mobiles pour n'être pas toujours contestables. L'exclusion déplaît aux exclus, cela va sans dire, et, comme les exclus sont toujours, proportion gardée, le très grand nombre, il faut s'attendre à voir l'exclusion, quel qu'en soit le motif ou le prétexte, battre en brèche, de degré en degré, par la même raison et avec le même succès, jusqu'à l'avènement plus ou moins prochain du suffrage universel, lequel n'étant autre chose que la souveraineté du nombre sous un régime d'égalité parfaite, s'il devient jamais maître au logis, aura facilement bon marché de ce qui restera d'inégalité, savoir la Chambre des pairs et la royauté.

» Mais le danger n'étant que trop réel, est-ce un remède, je le demande, de s'y jeter soi-même, tête baissée et, du premier coup, de franchir soi-même, du premier bond, les premiers degrés, dans l'espérance que l'avant-dernier préservera du dernier? N'y comptez pas, le branle donné :

» *Nil actum reputans si quid superesset agendum*, ce sera la devise de l'agitation réformiste.

» Ce que je reproche donc au nouveau bill, ce n'est pas tant d'être trop démocratique, quoiqu'il le soit beaucoup; c'est de l'être uniformément, systématiquement, sans acception des antécédents, des positions et des circonstances; c'est de passer indistinctement sur toutes les localités, sur tous les groupes d'hommes et de choses, le niveau d'un principe unique exprimé en nombres ronds. Rien n'est plus contraire à l'esprit de notre constitution. Jamais nos institutions n'ont été ainsi jetées pêle-mêle au creuset et refondues sur un moule de convention. Dans les plus grands changements, on a toujours pris pour point de départ l'ordre établi, *la sagesse de nos pères* (sages ou non) et le respect des droits acquis, n'importe à quel titre, sauf à étendre ou à restreindre, à redresser ou à rectifier ce qui existe selon le besoin et le cours des événements. Notre histoire n'est presque qu'une série de compromis, de transactions entre le passé et le présent, entre ce qui finit et ce qui commence, entre les nouveautés et les habitudes. C'est ainsi qu'on sait ce qu'on fait et où l'on va, qu'on ne tient point constamment les prétentions en éveil; qu'on ne s'impose point de ces règles absolues dont il n'est guère possible d'apprécier, par avance, la portée et le jeu. Qu'en cheminant dans cette voie, on l'ait fait jusqu'ici avec trop de timidité et de lenteur, qu'il soit à propos d'ouvrir la porte plus large, de frapper plus fort sur les abus, rien de mieux; mais c'est à la condition d'y voir clair et d'assurer chacun de ses pas.

» Un autre danger, et ce n'est pas le moindre, qu'on court à remettre ainsi tout en question, ou si l'on veut, à reprendre ainsi tout en sous-œuvre, c'est de faire plus encore de peur que de mal, d'affecter un faux air de révolution et d'effrayer par là, non seulement les timides, mais les gens même de bonne volonté; c'est surtout de piquer d'honneur la Chambre des pairs, dont le concours est indispensable, et de la placer, bon gré mal gré, dans la plus fâcheuse alternative. Cette Chambre a rejeté le nouveau bill en bloc et de prime abord; il fallait s'y attendre apparemment; mais qui sait si présenté, à plus petit bruit, sous une forme plus modeste, appuyé sur les exemples du passé, réduit avec choix et mesure à ses dispositions essentielles, il n'aurait pas reçu meilleur accueil? On va maintenant proposer, derechef, ce même bill à cette même Chambre; on compte pour triompher de sa résistance sur le progrès croissant de l'agitation populaire, sur le fracas des élections actuelles, et même, au besoin, sur la création d'un nombre indéfini de pairies. Ce demi-coup d'État, s'il est frappé, et ne dût-il même agir qu'à titre de menace, sera fatal; ce sera le coup de grâce pour tout ce qui nous reste encore de prétention à l'équilibre du pouvoir; déjà la royauté n'exerce guère, chez nous, qu'une autorité morale. Il y a plus d'un siècle qu'elle a renoncé à tout emploi de sa prérogative contre le vœu des deux Chambres, et personne ne lui conseillerait de s'y risquer désormais; s'il se trouve aujourd'hui que, à son tour, frappée de la même déchéance, la Chambre des lords a perdu toute autorité effective et n'existe plus qu'en théorie, si notre corps soi-disant conservateur n'est plus bon à rien conserver, s'il suffit, pour lui forcer la main, de le menacer dans ce qui fait sa consistance et sa dignité, que restera-t-il désormais de notre bonne vieille constitution britannique?

» La Chambre des communes, pouvoir unique, au vrai et en réalité, la Chambre des communes dont l'autre Chambre aura pour office d'enregistrer, et la royauté d'exécuter les volontés souveraines.

» Et cette Chambre toute-puissante, en fait si ce n'est en droit, que sera-t-elle, elle-même? Ce sera, si le nouveau bill tient ce qu'il promet, la représentation très fidèle, sans doute, mais exclusive de la classe moyenne, c'est-à-dire du tiers état de la Grande-Bretagne. Rien dans ce bill n'est négligé, en effet, pour exclure des élections futures toute influence directe ou même indirecte de la couronne et de l'aristocratie constitutionnelle. Point d'autre diversité entre les corps électoraux que celle qui provient de l'emplacement géographique et du chiffre de la population. Dans chaque corps électoral, l'unique et dernier mot est au nombre, nulle chance n'est ménagée au talent naissant, au mérite purement personnel. Une Chambre ainsi composée sera très propre à bien gérer nos intérêts domestiques, à conduire avec sagesse et intelligence notre politique intérieure ; mais la grande, la vraie politique, celle dont le regard s'étend sur le globe entier où l'Angleterre est si haut placée, sur le continent de l'Europe qui lui demande et lui prête appui, sur les puissances qui s'en partagent ou s'en disputent l'empire, en quelles mains passera-t-elle quand celles qui l'ont dirigée jusqu'ici s'en trouveront systématiquement dépossédées, quand les classes en qui résident, au premier degré, la richesse, les lumières et le loisir, devenues en fait, si ce n'est en droit, étrangères au maniement des affaires, ne seront plus, pour les autres, qu'objet de jalousie et de méfiance? Ce sera la presse alors, la presse sans direction et sans contre-poids qui disposera, par son influence, de nos grands intérêts au dehors, tandis qu'au dedans, une Chambre des communes active, industrieuse, mais dépourvue d'instincts élevés, de vues générales, de prévoyance lointaine, surveillera, pied à pied, nos petits intérêts de chaque jour. Qu'une nouvelle révolution française éclate quelque part, qui protégera contre les entreprises d'une nouvelle Convention les principes de la sociabilité humaine? Qu'un nouveau Bonaparte aspire à la monarchie universelle, qui lui fera tête et garantira contre ses victoires l'indépendance des États et la liberté des peuples ?

» Il ne faut pas s'y méprendre. Pour que l'Angleterre conserve, dans le monde, le rang qu'elle occupe et l'ascendant qui lui appartient, il lui faut à sa tête un parlement, un parlement vrai, réel, trois pouvoirs réellement indépendants l'un de l'autre, mais dans une sage mesure, étroitement associés par le fond même de leur nature; une Chambre élective où l'aristocratie, admise à certain degré, éveille, éclaire et guide l'activité de la démocratie ; une Chambre héréditaire où la démocratie pénètre sans cesse, en la recrutant de notabilités nouvelles qui prêtent en elle force et vie au temps d'arrêt; un conseil exécutif où le prince, puisant largement à cette double source, se porte médiateur entre les instincts rivaux et les intérêts opposés.

» Pour que l'équilibre existe entre les pouvoirs, il faut qu'il existe, avant tout, dans le sein même de chaque pouvoir ; il faut que chaque élément social y ait sa part, en y trouvant son frein. C'est à ce mécanisme, imparfait sans doute encore, mais suffisant jusqu'ici, œuvre des temps et des circonstances plus que de la sagesse de nos pères, que notre heureuse constitution a dû sa force et sa durée à travers les vicissitudes de notre histoire. C'est à le maintenir, à l'achever, à l'épurer, à le dégager des abus qui l'entravent ou le dépravent que doit viser une réforme sensée; l'intervertir, c'est entrer en révolution. »

Ce qui fut répondu à ces graves et judicieuses observations, j'ai regret de l'avoir tout à fait oublié; mais cela même prouve que je n'en fus pas très frappé. Je dois ajouter toutefois qu'ayant négligé, au sortir de cet entretien, d'en garder note par écrit, je me vois forcé, à trente ans d'intervalle, d'en altérer le tour et le caractère extérieur et de présenter sous forme d'une allocution suivie ce qui ne se produisit qu'en dialogue entrecoupé d'objections, de réponses et de répliques. Je n'oserais même affirmer qu'écrivant de mémoire aujourd'hui, quelques idées à moi personnelles ne se soient pas glissées à mon insu dans mon récit; mais ce dont je suis sûr, c'est que le fonds substantiel en est vrai, et je crains bien que les événements n'aient donné raison sous plus d'un rapport à l'adversaire de la réforme commencée en ce temps-là, et qui ne semble pas près de finir.

IV

1831

MINISTÈRE DU 13 MARS

CONTINUATION

De retour à Paris, je rentrai dans la fournaise ; tout y fermentait déjà ; les élections étaient terminées ; j'en ai indiqué, chemin faisant, l'aspect général, le caractère apparent ; restait à les voir à l'œuvre, pour ainsi dire, à les apprécier dans leurs résultats.

Je trouve dans un recueil contemporain les chiffres suivants qu'il est bon de recueillir, à valoir ce que de raison.

Parmi les députés élus, 222 faisaient partie de la Chambre précédente ; 7 des Chambres antérieures; 195 étaient tout nouveaux, et n'avaient appartenu à aucune représentation; 203 de la Chambre dissoute n'avaient pas été réélus; 34 élections étaient doubles.

Ainsi constituée, la nouvelle Chambre se réunit le 22 juillet en séance préparatoire, afin de tirer au sort la députation chargée de recevoir le roi à l'entrée du palais et de l'escorter jusqu'au pied du trône.

Le lendemain 23 s'ouvrit la session.

La salle était comble, et combles les tribunes; plus de trois cents députés faisaient entendre le cri de « Vive le roi ! » et la foule qui se pressait à l'entrée des couloirs répétait ce cri à mainte et mainte reprise.

Le discours du roi fit grand effet.

Préparé par M. Perier lui-même, mûrement pesé jusque dans ses moindres expressions, il y régnait un ton d'autorité fier et mesuré qui tombait de haut.

Rien de plus triomphant que l'état de nos relations extérieures.

Sur notre demande les troupes autrichiennes évacuaient l'état romain.

Le royaume des Pays-Bas constitué par les

traités de 1815 n'existait plus. Garantie par une neutralité perpétuelle acceptée de l'Europe et par l'amitié de la France, l'indépendance de la Belgique était reconnue. Les places élevées pour contenir et menacer la France étaient, c'est-à-dire devaient, d'un commun aveu, être démolies.

Le Portugal payait de la saisie de sa flotte les satisfactions qu'il feignait de refuser encore ; notre pavillon flottait à Lisbonne.

» Une lutte sanglante et acharnée, disait le roi, se prolonge en Pologne. Cette lutte entretient de vives émotions au sein de l'Europe. Je me suis efforcé d'en hâter le terme. Après avoir offert ma médiation, j'ai provoqué celle des grandes puissances. J'ai voulu arrêter l'effusion du sang, préserver le midi de l'Europe de la contagion que la guerre civile propage, et surtout assurer à la Pologne, dont le courage a réveillé les vieilles affections de la France, cette nationalité qui a résisté au temps et à ses vicissitudes. »

Le roi ne doutait pas que les Chambres ne jugeassent que, dans ces difficiles négociations, les intérêts de la prospérité, de la puissance et de l'honneur de la France avaient été défendus avec persévérance et dignité.

» Mieux garantie que jamais, ajoutait e roi, par ses gardes nationales et ses armées, la France a repris, en Europe, un rang dont elle ne descendra plus. L'Europe est convaincue de la loyauté de nos intentions et de la sincérité de nos vœux pour le maintien de la paix, mais elle sait aussi quelle est notre force, elle sait comment nous soutiendrions la guerre, si nous y étions contraints par d'injustes agressions; ce danger est loin de nous, et les relations amicales que nous entretenons avec toutes les puissances nous laissent entrevoir, au contraire, la possibilité d'un désarmement général, dont tous les peuples sentent la nécessité. »

Sur les affaires intérieures, le discours n'était ni moins net ni moins résolu.

« J'attends de vous, disait le roi à la Chambre nouvelle, cette coopération franche et entière qui doit donner à mon gouvernement la force sans laquelle il ne saurait répondre à l'attente de la nation. J'ai dit que la Charte serait désormais une vérité; ce que j'ai dit s'est accompli. La Charte, c'est la monarchie constitutionnelle avec toutes ses conditions loyalement maintenues, avec toutes ses conséquences franchement acceptées. Il est temps que l'action uniforme des pouvoirs publics mette un terme aux coupables espérances de nos ennemis, quels qu'ils soient. En m'appelant au trône, la France a voulu que la royauté fût nationale; elle n'a pas voulu que la royauté fut impuissante. Un gouvernement sans force ne saurait convenir à une grande nation. »

Le succès fut complet; il ne le fut que trop : les armes sont journalières, toute victoire doit prendre garde au lendemain.

Le premier acte de la Chambre nouvelle était nécessairement le choix de son président. La minorité avait le sien tout trouvé. M. Laffitte, abandonné par elle, en tant que ministre, pour avoir essayé de lui faire entendre un peu de raison, n'en restait pas moins son chef naturel, son *primus inter pares*. Notre majorité, au contraire, cherchait le sien sans le trouver. Ses gros bonnets siégeaient au ministère. Un seul, M. Guizot, était encore trop compromis dans la résistance pour qu'on osât déjà le mettre en avant. Dans l'embarras, M. Perier n'avisait rien de mieux que M. Girod (de l'Ain), excellent magistrat, homme de grand sens, ami fidèle, mais dépourvu de tout éclat de talent oratoire, et dont le nom n'était guère connu en dehors de notre étroite coterie.

Cette obscurité était un vrai malheur, d'autant que M. Perier s'était empressé de déclarer, avec grande raison, que le choix du président serait, à ses yeux, une question de cabinet. On exploita, contre lui, cette déclaration inévitable par sa propre nature et dans la position des affaires.

Les habiles de la minorité, abusant de l'inexpérience des nouveaux venus, persuadèrent à beaucoup d'entre eux que, en leur imposant un président, M. Perier abusait lui-même de sa position, et qu'il ne fallait pas se prêter à cette exigence. D'ailleurs, ajoutaient-ils, M. Laffitte est digne d'intérêt; on l'a jugé trop sévèrement. Il a perdu sa fortune à la révolution de Juillet; en lui assurant une situation honorable, on s'acquitterait envers lui. Bref, il advint de là qu'au dépouillement du scrutin les voix se trouvèrent ainsi partagées :

Sur 358 suffrages :

    M. Girod de l'Ain. . . . . 181 voix

    M. Laffitte. 176

C'était la majorité ric-à-ric, c'était une Chambre coupée en deux.

M. Perier n'hésita pas. Il remit, le soir même, sa démission au roi; le général Sébastiani, MM. de Montalivet et Louis en firent autant, laissant à M. Laffitte et à ses adhérents le fardeau des affaires à de telles conditions. On a beaucoup crié, dans le temps, contre cette résolution et contre M. Perier; mais, s'il eût agit autrement, s'il eût entrepris de gouverner avec une majorité flottant entre deux principes contraires, il était perdu et nous avec lui; il acceptait la situation d'où il nous avait tirés; il devenait un autre M. Laffitte, sans que le roi eût en réserve un autre M. Perier pour lui venir à la rescousse.

Que faire cependant et quel parti prendre? Ni M. Perier, ni la faction qui l'avait presque renversé ne pouvaient décemment reculer. Le roi, de son côté, ne pouvait en appeler d'une Chambre toute nouvelle à une Chambre plus nouvelle encore. C'était une énigme sans mot.

La perplexité était grande; elle régna quatre grands jours, durant lesquels nos déserteurs étourdis eurent tout le temps de cuver à plein leur sottise. Ce fut l'événement qui nous tira d'affaire.

Le 4 août, vers deux heures de l'après-midi, il fut affiché à la Bourse un supplément au *Moniteur* ainsi conçu :

« Le roi de Hollande a dénoncé l'armistice et

annoncé la reprise des hostilités contre les Belges pour ce soir à neuf heures et demie.

» Ce matin à cinq heures, le roi a reçu une lettre du roi des Belges qui lui demande le secours d'une armée française.

» Le roi ayant reconnu l'indépendance de la Belgique et sa neutralité, de concert avec l'Angleterre, la Prusse et la Russie, et les circonstances étant pressantes, obtempère à la demande du roi des Belges. Il fera respecter les engagements pris d'un commun accord avec les autres puissances.

» Le maréchal Gérard commande l'armée qui marche au secours de la Belgique, dont la neutralité et l'indépendance seront maintenues, et la paix de l'Europe troublée par le roi de Hollande sera consolidée.

» Dans de telles circonstances le ministère reste; il attendra la réponse des Chambres au discours de la couronne. »

Cet appel aux armes du roi de Hollande qui nous venait si fort à point, comme on le voit, et qui fit notre salut peut-être en faisant sa perte, tenait à plusieurs incidents qu'il suffit d'indiquer ici et en ce moment. Ledit roi ne s'était soumis qu'à regret et de mauvaise grâce à l'armistice imposé par la conférence de Londres aux deux parties belligérantes, en Belgique, et de plus mauvaise grâce encore à la décision arbitrale qui posait les bases de la délimitation entre leurs territoires respectifs. Il s'y était résigné toutefois, tout compte fait et crainte de pire; mais ç'avait été alors la Belgique qui, faisant à son tour la grimace, l'avait fait si fort, que nous hésitâmes nous-mêmes à la mettre au pied du mur; puis, pour lever ce nouvel obstacle, la conférence ayant remis son œuvre sur le tapis, et s'étant accordée avec le soi-disant gouvernement de Belgique, moyennant des concessions réciproques, le roi de Hollande avait trouvé l'occasion bonne pour tout rompre et pour envahir le territoire qui lui échappait. C'était la bienvenue qu'il préparait au prince de Saxe-Cobourg, tout récemment élu roi des Belges au refus de notre duc de Nemours. Il avait bien refait à neuf son armée, vaincue l'année précédente dans la guerre des rues, et prenait par surprise des vainqueurs débandés, débraillés selon l'usage des temps de révolution, et qui, tout fiers encore de leurs prouesses passées, ne doutaient de rien et ne se doutaient de rien.

Le parti que prit notre ministère de retirer sur-le-champ sa démission, de la retirer pour un moment et jusqu'à nouvelle épreuve ; de déblayer, avant tout, la pauvre Belgique et de remettre en selle son pauvre roi nouveau-né, fut d'autant mieux accueilli qu'il venait en aide à tout le monde : à notre roi, qui ne savait plus auquel entendre ; à la majorité des députés, toute ébahie de son équipée, et à la minorité, qui ne savait que faire de son demi-succès d'aventure.

L'épreuve ne se fit pas attendre.

Ce même jour, 4 août, défi porté au roi de Hollande, déjà presque à Bruxelles ; défi à l'opposition dans notre Chambre des députés. Même succès sur l'un et l'autre terrain ; ce fut partie gagnée presque sans coup férir. A la première sommation, le roi de Hollande fit rentrer sa petite armée dans son petit royaume héréditaire ; il en fut pour sa honte, qui ne fut pas courte, et pour l'isolement où il s'était placé, en rompant avec ses protecteurs naturels et en les armant d'un prétexte décent pour leur abandon définitif. Notre opposition (j'entends celle de nos adversaires) couvrit mieux sa retraite et paya mieux de sa personne ; elle fit pendant quatre grands jours (du 9 au 13 août) feu des quatre pieds ; toutes les positions de l'adresse furent successivement attaquées, mais toutes les attaques furent repoussées de haute lutte, et, le 13 août, l'adresse entière, œuvre du parti ministériel, fut adoptée, sauf quelque chicanes de mots tout à fait misérables, par une majorité de 282 voix contre une minorité de 73.

C'était une majorité désormais formée et formidable; c'était le prix de la décision, de la vigueur et de l'à-propos. Le cours des affaires put alors être repris, et l'arriéré, qui s'était rapidement produit durant l'intérim ministériel, put sortir des limbes et prendre rang à l'ordre du jour.

Cet arriéré n'était ni petit, ni de petite conséquence.

M. de Salverte avait proposé de substituer à l'article 23 de la Charte la création d'un Sénat à vie, c'est-à-dire la suppression complète de la pairie; — M. Glais-Bizoin, la suppression de la questure; — M. de Schonen, le rétablissement du divorce; — M. Daunou, des indemnités pour les condamnés politiques; — un pétitionnaire, bien appuyé dans le sein de la Chambre, la revendication des cendres de Napoléon; — M. Boissy-d'Anglas, la reconnaissance des grades et décorations accordés par l'ex-empereur Napoléon, durant son court règne des Cent-Jours, grades et décorations annulés sous la seconde restauration par les ordonnances des 28 juillet et 1ᵉʳ août 1815.

Cette dernière proposition eut les honneurs de la priorité; elle fut discutée dès le 15 septembre, et j'y viens tout de suite, en raison de la part active qu'il me fut donné d'y prendre, après coup, dans le sein de la Chambre dont j'étais membre.

La question était, à coup sûr, ardue et délicate. En droit, et même en simple raison, comment apprécier, comment qualifier les funestes épisodes des Cent-Jours? N'y devait-on voir qu'un régime d'usurpation et de violence? Le Napoléon des Cent-Jours avait-il vraiment régné? Avait-il eu qualité pour engager l'État, disposer du patrimoine public, conférer validement des rangs et des récompenses? Et cette question en élevait une autre plus ardue et plus délicate encore. Qu'est-ce, en théorie pure, que le régime légal? A quels signes le discerner et le reconnaître dans la confusion des troubles civils? tranchons le mot, où réside la souveraineté entre les prétendants qui l'invoquent à titres divers?

On voit quel champ de discussion une telle proposition ouvrait aux partis, aux opinions, aux systèmes, et l'on ne doit pas s'étonner que la nouvelle Chambre des députés, toute pressée qu'elle était de bien d'autres et de plus urgentes affaires, s'y soit livrée à perte de vue, qu'elle s'y soit embrouillée de plus en plus, de pas en pas, et que la mêlée ait fini par un compromis où les principes en vogue et les intérêts personnels ont trouvé mieux leur compte que les suggestions du bon sens et les règles de la logique.

J'essayai de rétablir les droits de l'un et de l'autre quand vint notre tour d'y statuer; j'essayai de remettre en honneur les vrais, les éternels principes de la vraie et éternelle politique. Ce fut, pour moi, l'occasion d'une profession de foi que je tiens pour œuvre d'honneur et de conscience, et sur laquelle je demanderai à être jugé si jamais l'avenir s'occupait de moi.

Mais, laissant de côté ce qui me concerne et partant ne mérite pas qu'on s'y arrête, comment oublier que, à peine notre ministère était-il remis sur pied et réinstallé, un nouveau coup de vent le vint frapper, sinon à la tête, du moins au cœur, et l'ébranler de nouveau sans le renverser.

Le jour même de son succès, ce même 16 septembre si j'ai bonne mémoire, M. Perier descendant de la tribune et rentrant épuisé dans son cacinet, y reçut, coup sur coup, la nouvelle des combats désastreux de Wavre, de Dembewilkie et de la funeste bataille d'Ostrolenka ; de l'assaut donné à Varsovie, assaut terrible et bientôt suivi par la dispersion du gouvernement provisoire. C'en était fait de la Pologne.

Le bruit s'en répandit dans tout Paris dès le soir même et provoqua durant quatre jours des scènes tumultueuses qui compromirent gravement la tranquillité publique. Le ministère des affaires étrangères fut assailli par une bande furieuse. M. Perier et M. le général Sébastiani, arrêtés sur la place Vendôme dans leur propre voiture, n'échappèrent qu'à grand'peine aux violences dont ils furent menacés. Les efforts en tout genre et dans toutes les directions, vociférations, tumultes, placards, appels au peuple, voies de fait à la sortie et dans l'intérieur des théâtres et des lieux publics, attaques jusqu'aux portes et jusqu'à mort d'homme dans l'enceinte des Chambres et du Palais-Royal, ayant été énergiquement réprimés par la troupe et la garde nationale, vint enfin l'*ultima ratio* de l'interpellation à la tribune. Le 19, à l'ouverture de la séance,

M. Mauguin s'y présenta dans une attitude majestueuse et funèbre. La foule répandue aux abords du palais était immense et serrée. Les sentiments de l'orateur étaient partagés par l'auditoire, au dedans et au dehors, mais partagés en plus d'un sens; si les cœurs étaient consternés, les esprits étaient pleins de trouble et d'angoisse : d'un côté, les désastres de la Pologne et l'abandon de la France, de l'autre, l'impuissance à rien prévenir, à rien réparer, et la folie d'une entreprise insensée. Chaque parole excitait un frémissement qui gagnait de proche en proche et se trahissait en éclats de voix aussitôt rétractés qu'échappés.

Il était, néanmoins, presque impossible que la discussion, quels qu'en fussent l'intérêt et l'issue, apprît à quelqu'un quelque chose; les raisons pour et contre l'entreprise de venir en aide à la Pologne avaient été, depuis un mois, vingt fois données de part et d'autre; la distance qui sépare les bords de la Seine des bords de la Vistule et la nécessité pour la franchir à main armée de passer sur le corps de l'Allemagne tout entière sautaient aux yeux mêmes de ceux qui tâchaient en vain de les fermer : aussi M. Mauguin s'efforçait-il en vain, pour renouveler le débat, de l'agrandir et de le dépayser par des personnalités et des récriminations outrageantes, quand M. Perier prit la parole.

« Pourquoi, dit-il, cette discussion? Quel en est le but? Quelle en est l'utilité? Les questions qu'on soulève devant vous, il y a quelques jours que vous les avez examinées, que vous les avez approfondies, que vous les avez tranchées par le vote de l'adresse. La politique que l'on attaque, vous l'avez approuvée; vous vous y êtes associés par une majorité de deux cents voix. Depuis ce vote, les circonstances ont-elles changé? A-t-on produit un fait inconnu, un argument nouveau? Aucun. D'où vient donc qu'on vous oblige encore une fois à entendre ces allégations? C'est qu'on veut infirmer les décisions que vous avez rendues, ou plutôt ce n'est pas à vous qu'on s'adresse. Les paroles prononcées du haut de cette tribune sont destinées à retentir au dehors de cette enceinte. Ces débats ne devant pas aboutir à un vote, on espère couvrir au moins d'un doute l'impression que vous en aurez ressentie. Vaincu au scrutin, on veut se soustraire au scrutin pour s'attribuer la victoire et tromper le pays. La Chambre ne peut se prêter au succès d'un tel subterfuge. Quant au gouvernement, il n'accepte pas la position qu'on prétend lui faire. Accusé, il ne veut pas rester chargé de l'accusation. Il veut être jugé. Si la Chambre condamne ses principes ou sa conduite, qu'elle le fasse connaître; si elle les approuve, qu'elle en partage avec lui la responsabilité. Il faut de l'avenir au pays. Ce n'est pas en bouleversant chaque jour l'ouvrage de la veille qu'on se prépare un lendemain. Je demande à la Chambre qu'un ordre du jour motivé, dont elle sentira, je l'espère, la nécessité, donne une signification, un but, un résultat à cette délibération. Que votre majorité se lève une seconde et dernière fois pour le système de la paix, la France sera rassurée, et l'anarchie sera confondue. »

Ni la majorité tout éperdue qu'elle fût, ni la foule toute polonaise dans ses clameurs, n'osa résister à cet appel. L'opposition, comme l'a judicieusement remarqué un sage historien, se trouvait prise au piège; elle avait voulu une discussion sans conclusion, afin de rester maîtresse d'indiquer au pays cette conclusion et de la faire tourner à l'affaiblissement du ministère; un vote motivé allait déjouer tous ses calculs et donner au ministère une force nouvelle. Pour échapper à ce danger, M. Mauguin n'eût d'autre expédient que de dépayser la discussion et de réclamer une enquête sur la conduite de ses adversaires et les antécédents de leur vie publique, le tout assaisonné de force injures et calomnies; mais vains efforts; le lendemain, dès l'ouverture de la séance, M. Ganneron, secondé par M. Guizot, proposa un ordre du jour conçu en ces termes :

« La Chambre satisfaite des explications données par MM. les ministres sur les affaires extérieures, et se confiant dans leur sollicitude pour la dignité de la France, passe à l'ordre du jour. »

Nouveau débat dès lors; tentatives de tout genre pour éluder le défi par des exceptions dilatoires, des hors d'œuvre et des personnalités; séance jusqu'à huit heures du soir, mais séance terminée par un appel nominal : deux cent vingt et une voix de majorité contre cent trente-six; le dernier et redoutable défilé était passé.

Mais à chaque jour sa peine; venait maintenant la grande, la vraie, la triste question de la session actuelle, celle que nous avait aveuglément léguée la session précédente, à savoir l'hérédité de la pairie. Que serait désormais la Chambre des pairs sous le régime de 1830? Qu'allait-elle devenir sous le coup qui la menaçait?

L'hérédité était condamnée d'avance; je ne

m'étais fait, sur ce point, ainsi qu'on l'a vu en son lieu, aucune illusion. Livrer, une année durant, et presque au lendemain d'une révolution, cette question aux lieux communs de la démocratie; étaler, en quelque sorte, cet unique et dernier joyau de notre écrin monarchique comme un défi et comme une proie aux appétits populaires, c'était simplement lui préparer un affront; mieux eût valu le lui épargner, et faire soi-même à la sottise sa part. Aussi n'y avait-il eu, de collège en collège, si chétif grimaud qui ne se fît faute de donner à nos seigneuries aux abois le coup de pied de l'âne, et j'ai regret d'ajouter que notre jeunesse doctrinaire elle-même s'en passa la fantaisie, apparemment pour se racheter des modérations dont elle se piquait sur tout le reste.

Que faire cependant et quel parti prendre?

Maintenir la pairie telle qu'elle subsistait, ou, si l'on veut, végétait encore, la maintenir telle quelle, c'est-à-dire soumise indéfiniment à la nomination royale, tout en supprimant l'hérédité, c'était garder le nom sans la chose, *stat nominis umbra;* c'était faire de la Chambre haute une simple commission royale en permanence, un simple *instrumentum regni* dont le gouvernement, quel qu'il fût, disposerait à son gré en temps ordinaire, mais qui, par cela même, ne lui prêterait aucun appui en temps de trouble et de faction.

Remplacer, en revanche, l'hérédité par l'élection populaire, ce serait créer une seconde Chambre des députés, sauf peut-être quelques différences pratiquement insignifiantes d'âge ou de cens, une seconde Chambre animée du même esprit que l'autre, produit du même vent d'opinion; autant vaudrait, disait M. Royer-Collard, couper en deux la Chambre existante, et tirer au sort à qui serait de l'une ou de l'autre moitié.

Restreindre enfin la prérogative royale, la réduire à ne s'exercer, pour le choix des pairs, qu'entre un certain nombre de catégories professionnelles, ce serait s'exposer à ne faire de la Chambre haute qu'un hôtel des Invalides pour les vétérans de l'armée, de la magistrature et qui pis est de la cour.

En tout, dans un pays comme le nôtre, dans un pays d'égalité légale et presque sociale, abolir, coûte que coûte, le peu qui restait d'hérédité, c'était démonétiser d'avance toutes les distinctions concevables et laisser la royauté, seule de son espèce, livrée, dans la nudité de son isolement, au flot montant de la démocratie.

M. Perier était, en ceci, dans une anxiété cruelle. Il était homme de grand sens; sa raison, du haut de la popularité véritable dont il était l'œuvre et l'honneur, dominait avec mépris les misères d'une popularité de vanités et de criailleries. Il était homme d'État et l'avenir du pays lui tenait plus au cœur que le succès du moment; mais il avait l'âme fière, et la simple idée de fléchir devant un caprice populaire lui faisait monter le sang au visage. En même temps, il y voyait clair; il ne pouvait méconnaître ni la violence du vent qui soufflait contre nous, pauvres pairs éclopés, de tous les coins de l'horizon, ni la presque impossibilité, pour le gros de la majorité, de faire faux bond aux engagements pris envers le gros des électeurs, ni la nécessité pour lui-même, s'il s'engageait en faveur de l'hérédité, de livrer encore une fois en succombant avec elle notre cause, le pays et le roi à l'ennemi commun; le roi, dis-je, car ce qui était le pire, dans ce jeu désespéré, M. Perier avait le roi contre lui : il aurait fallu lui forcer la main pour lui faire risquer le tout pour le tout, non seulement sans la moindre chance, mais sans la moindre envie de gagner. Certes, si jamais premier ministre s'est trouvé pressé à la dernière extrémité, ce fut le nôtre ce jour-là.

Il réunit le 20 août au ministère de l'intérieur environ quarante députés les plus influents de la majorité; la question à l'ordre du jour y fut longtemps discutée; tous les systèmes y furent successivement proposés et débattus, M. Perier gardant le silence; l'avis fut unanime, mais sur un seul point, l'impossibilité de maintenir le principe de l'hérédité.

Deux jours plus tard, le 23, autre réunion, mais composée, cette fois, des pairs les plus acrédités de notre Chambre; triste et morose réunion, où chacun se réservait de sauver son honneur personnel, en votant pour l'hérédité, mais sans qu'aucun prît sur soi d'en conseiller la proposition. De la part de M. Perier, même silence, et je l'imitai en cela, bien décidé, quelque fixé que je fusse au fond, à ne m'engager que sur le terrain et pour tout de bon, et à ne point livrer mon opinion et ses motifs au tapage des estaminets, aux ergotages des journaux et aux commérages des salons.

M. Perier savait, d'ailleurs, à quoi s'en tenir; je m'en étais expliqué vis-à-vis de lui, à cœur ouvert bien qu'en confidence.

La question, lui avais-je dit à plusieurs reprises, n'est pas de savoir si le principe de l'hérédité est essentiel à la pairie ; sur ce premier point, nous sommes à peu près tous du même avis, sans en excepter, en vérité, ceux qui travaillent des pieds et des mains à l'abolir.

La question n'est pas, non plus, de savoir ce qu'il faut penser des expédients qu'on met en avant pour suppléer ou supplanter l'hérédité. Sur ce second point, nous sommes encore à peu près tous du même avis, sans en excepter les inventeurs de l'un ou l'autre de ces expédients.

La question enfin n'est pas de savoir si, livrant pour l'honneur des armes la bataille de l'hérédité, il nous reste une chance quelconque. Pour être certain du contraire, il suffit d'ouvrir les yeux et les oreilles.

L'hérédité, donc, étant sacrifiée quant à présent, sacrifiée de grand cœur par le grand nombre, sacrifiée à regret par l'élite des gens sensés, l'unique et vraie question est de savoir par qui sera proposé et consommé le sacrifice, quel sera, en ceci, notre exécuteur des hautes œuvres. Nous faut-il rappeler *ad hoc* le ministère Laffitte et consorts ? Alors pourquoi l'avoir renversé ? On savait bien apparemment qu'accepter son héritage n'était pas un bénéfice sans charges et sans grosses charges; qu'il y avait, entre autres, un saut périlleux à franchir du premier bond. Nous faudrait-il jouer la farce d'une démission simulée, d'un ministère postiche, d'un ministère de comparses entrant et sortant au coup de sifflet; en supposant qu'il se trouvât des acteurs pour un pareil rôle, cela ne serait ni décent ni sérieux. Non, non, c'est au ministère actuel qu'il échoit en partage de boire lui-même ce calice d'amertume, de s'imposer à lui-même cette tâche désolante, de venir lui-même inviter ce qui nous reste de la Chambre haute à se mutiler elle-même pour la seconde fois, à prononcer, pour la seconde fois, contre elle-même, une sorte de dégradation civique.

Le peut-il en tout bien, tout honneur ?

Le peut-il sans compromettre l'avenir du roi et du pays ?

Le peut-il de l'aveu de la Chambre des pairs elle-même ?

Il le peut, selon moi, en tout bien tout honneur, s'il prend la question de haut et sa position par le grand côté; s'il tient au roi, au pays, aux deux Chambres le langage austère de la vérité; s'il dé-

nonce, en quelque sorte, la majorité à elle-même;
s'il la fait rougir de l'alternative où son caprice la
réduit; s'il fait peser sur elle la responsabilité
qu'elle encourt, tout en se montrant prêt à la partager avec elle; s'il appelle les défenseurs de l'hérédité à la défendre jusqu'au bout, en les secondant de ses vœux, en déplorant le malheur des
temps qui lui interdit de se placer à leur tête.

Il le peut, selon moi, sans compromettre l'avenir
du roi et du pays, parce que le danger, s'il est réel
à la longue, n'a rien de pressant, rien qui soit comparable au danger de rentrer en révolution, en
rappelant aux affaires le parti révolutionnaire,
parce qu'après tout, il ne s'agit pas ici d'instituer,
tout d'une pièce, une Chambre haute nouvelle,
mais de maintenir sur pied une Chambre haute
existante, une chambre haute élue, en son temps,
sous la garantie de l'hérédité, une Chambre aguerrie
par quinze ans de luttes où elle s'est fait grand
honneur; il s'agit de ne la pas laisser corrompre
par de mauvais choix, et de prévenir les mauvais
choix, en soumettant son renouvellement progressif à des conditions sévères.

Il le peut enfin, selon moi, de l'aveu de la Chambre des pairs elle-même, en faisant directement appel à son honneur véritable, j'entends par là son patriotisme, sa sagesse, son expérience des hommes et des choses; en la plaçant, digne qu'elle en est, au-dessus des jalousies de corps et des animosités de parti; en lui rappelant les services qu'elle a rendus, les épreuves qu'elle a traversées, les circonstances bien diverses de sa bien courte carrière. Notre Chambre des pairs n'est point héréditaire; elle a mérité et conquis l'hérédité, sous la seconde restauration; elle en a conservé le principe, en dépit des efforts faits à coups redoublés par le gouvernement déchu pour dénaturer ce principe et pour l'avilir. Ce qu'elle a conquis et conservé jusqu'ici, elle peut le perdre sans doute, et retomber dans son premier état; mais elle peut aussi le recouvrer plus tard; les temps changent, les préventions s'éteignent, le bien souvent renaît du mal lui-même. Ce qui nous importe aujourd'hui, c'est un temps d'arrêt sur la pente révolutionnaire; ce qui nous importe, c'est de sacrifier, par un acte de notre propre et libre volonté, notre intérêt personnel à la paix du moment; ce qui nous importe, c'est de ne pas réduire le gouvernement actuel à la nécessité d'abuser à son tour, pour vaincre notre résistance, du pouvoir légal que la constitution place en sa main, de nous contraindre par la menace, triste exemple que nous donne, en ce moment même, le ministère de lord Grey envers la Chambre des lords, dernière et honteuse ressource qu'il ne faut pas même laisser entrevoir.

Après m'avoir écouté très attentivement plus d'une fois, M. Perier se réserva d'y réfléchir; mais j'ai lieu de croire que, s'il hésitait encore, c'était moins sur le fond même de la mesure que sur le langage à tenir en la proposant. Il ne lui était pas aussi aisé de s'entendre avec le roi et les ministres ses collègues sur le second point que sur le premier. Néanmoins, il franchit le pas. Je trouve dans ma correspondance de famille le passage suivant :

« M. Perier est venu me voir ce matin, et me demander de lui rédiger et le projet de loi sur la pairie et l'exposé des motifs. »

Et quelques jours après :

« J'ai terminé mon travail et l'ai remis à M. Perier; il doit présenter son projet lundi prochain.

» Je vais chez M. Perier pour lui porter mon travail. »

Mais ce travail, dont je n'ai point gardé copie, rencontra, ce semble, bien des difficultés. Je trouve en effet, dans cette même correspondance, le passage suivant :

« M. Vitet est venu me prier d'aller au ministère de l'intérieur pour revoir son exposé des motifs. Il n'a pas pris le mien, je ne sais pas trop pourquoi ; le sien n'est pas trop bon : tout amour-propre d'auteur à part, j'en suis fâché ; mais cela n'a pas grande importance. »

Bref, le 27 août, *alea jacta fuit*.

Du haut de la tribune, le président du conseil prononça, non le front haut, comme d'ordinaire, et d'un ton d'autorité, mais en homme qui remplit un pénible devoir, des paroles que, pour ma part, je n'avais point placées dans sa bouche :

« Puisqu'une indépendance constitutionnelle qu'on doit en théorie regarder comme protectrice de la liberté publique est confondue dans l'imagination des peuples avec l'ancienne aristocratie nobiliaire, oppression de nos libertés civiles ; puisque notre devoir, notre besoin est de consulter l'impression populaire, en attendant la conviction nationale, nous vous proposons, comme ministres chargés de recueillir les vœux publics, et d'y satisfaire en tout ce qui n'est pas contraire à la justice, nous vous proposons, comme ministres dépositaires de l'ordre public, mais en vous laissant, à vous, messieurs, comme législateurs, une grande part de responsabilité dans cette détermination, nous vous proposons de déclarer que la pairie cesse d'être héréditaire. »

Tout ceci, sans doute, était excellent d'idées et de langage ; mais, à mon sens, dépassait un peu la mesure. Il est, dans les moments solennels, des choses qu'il faut indiquer sans les expliquer, sous peine d'en affaiblir un peu l'impression, en ne laissant rien à faire à l'imagination de ceux qu'on veut émouvoir.

A plus forte raison, quand le président du conseil, « dans la probabilité d'un retour de l'opinion, dans la prévoyance du moment où le vœu national se mettrait d'accord avec les principes, proposait de déclarer que le nouvel article 23 de la Charte pourrait être révisé », quand il ajoutait « qu'il était bon de laisser à la nation mieux inspirée plus tard la possibilité de réformer l'œuvre d'une époque où des prétentions de personnes, une agitation révolutionnaire et des passions tout actuelles, avaient érigé une erreur en opinion publique », il dépassait non seulement la mesure mais le but lui-même, il compromettait, tout ensemble, le présent et l'avenir, le présent en entretenant l'irritation des esprits, au lieu de la laisser s'amortir par le succès, l'avenir en s'empressant de devancer une réaction qu'il était tout au plus permis d'espérer; c'était chose qu'on pouvait tout au plus laisser entrevoir aux amis, aux intéressés, mais dont il fallait se garder de menacer des adversaires victorieux.

Le projet de loi, d'ailleurs, était non seulement simple, mais trop simple, car il se bornait à maintenir, dans toute son étendue, la prérogative royale, nombre illimité, choix illimité, sans aucune précaution prise contre l'abus possible et trop probable de l'un et de l'autre, ce qui ne pouvait s'expliquer et se défendre que par le caractère ouvertement provisoire de la proposition.

Elle n'eut aucun succès, et moins encore l'exposé des motifs. Je trouve les passages suivants, dans plusieurs de mes lettres, écrites, coup sur coup, à cette date :

« La loi sur la pairie est l'objet de toutes les conversations. Comme on devait s'y attendre, elle ne convient à personne, et M. Perier est, en ce moment, fort blâmé de tout le monde. Cela devait être ; il a transporté la responsabilité de la mesure au public et aux Chambres ; il leur dit : « Faites ce que vous voulez absolument, mais je vous avertis que c'est une sottise et que vous vous en repentirez« ; personne ne veut accepter cette responsabilité ; les partisans de l'hérédité sont fâchés d'être obligés de la défendre eux-mêmes à leurs risques et périls ; ses ennemis sont fâchés d'avoir à répondre des conséquences ; la gauche est fâchée d'avoir à s'escrimer contre autre chose que l'hérédité. »

« Je n'ai pas appris grand'chose hier soir. Les affaires se brouillent beaucoup dans notre Chambre sur la question de l'hérédité ; les esprits sont fort aigris ; cela m'inquiète assez ; j'espère pourtant qu'on pourra ramener ceux qui ne s'engageront pas trop par leurs paroles ; le mal, c'est que je n'y puis plus grand'chose ; j'y suis mal vu, comme ayant abandonné les intérêts du corps. »

« J'ai été voir M. Royer-Collard, que j'ai trouvé mécontent, aigre, occupé de lui-même et pas trop raisonnable. Il m'a paru de ceux qui s'emploient à désorganiser notre pauvre Chambre, et à persuader à la partie timide que le point d'honneur s'accorde cette fois avec leur disposition naturelle, et que ce qu'il y a de mieux à faire, c'est de se retirer. Je crois que, somme toute, il ne réussira pas. »

« On dit que le plan de M. Perier éprouvera les plus grandes difficultés. De son côté, M. Pasquier assure que, si l'on propose moins que cela, on le rejettera, on se dispersera. »

« La journée d'hier a été bonne; tous les bureaux de la Chambre des députés ont discuté à fond... On est convenu, en général, d'admettre le projet de loi, moins la réserve de revision, et en indiquant quelques conditions d'éligibilité. Sur huit bureaux nous avons eu sept nominations. Mais je ne fais cas de tout cela que comme une justification du parti qui a été pris; il est évident que ce parti, tant critiqué, a calmé toutes les têtes, que tous les esprits sont maintenant tournés à la réflexion, et que la réaction en faveur de l'hérédité commence à se prononcer visiblement. Qu'est-ce que cela produira, je l'ignore, mais j'ai bonne espérance. Il faut se résigner à être injurié, maltraité, plaisanté même par ses amis; ce n'est qu'à cette condition qu'on traite les affaires avec bon sens... »

« La question de l'hérédité gagne, et la réaction se prononce d'une manière assez sensible. Je n'oserais dire de quel côté sera le résultat définitif, mais je penche à croire que l'hérédité pourra bien être maintenue, non que la Chambre des députés

l'adopte jamais d'une manière formelle, mais parce
que les deux Chambres s'accorderont à ne pas s'accorder, et que la loi tombera de guerre lasse. Si ce
résultat est obtenu, on trouvera alors que le parti
pris était le seul bon, le seul véritable, et nous qui
ne sommes pas, en ce moment, bons à jeter aux
chiens, il se trouvera que nous avons agi avec la
prudence qui convenait. En ce moment, nous ne
pouvons nous vanter de rien; mais patience; ce qui
est sûr, c'est que, si l'on avait proposé le maintien
pur et simple de l'hérédité, la Chambre des députés
et le public seraient maintenant en combustion au
lieu d'être en réaction. Le malheur, c'est que l'exposé des motifs ne valait rien. »

Telle que la proposait, bien contre son gré,
M. Perier, la nouvelle constitution de la pairie fut
soumise à l'examen d'une commission où le principe de l'hérédité fut vivement soutenu, à tel point
même qu'il ne fut écarté qu'à la majorité d'une voix
et que le rapporteur, M. Bérenger, se réserva de le
défendre en son nom personnel.

Le rapport substituait au principe de l'hérédité
celui des catégories. Il en instituait vingt-cinq, dans
le sein desquelles le choix du roi devrait s'exercer
à l'avenir, sans limite de nombre. La pairie était

viagère. Résolution définitive; plus de revision à venir et éventuelle. C'était prendre un grand et triste parti; c'était donner en plein dans l'objection que j'ai signalée tout à l'heure; c'était faire de la pairie un hôtel des Invalides et une pépinière de courtisans. Mieux valait, selon moi, la liberté pleine et entière du choix royal, sous la responsabilité des ministres et le contrôle de la presse. Une garantie purement illusoire, une garantie qui n'en est pas une, est la pire chose qui se puisse imaginer. C'est le manteau dont se couvrent le favoritisme, les médiocrités obséquieuses; mieux valait surtout, sans annoncer imprudemment un retour prochain à l'hérédité, laisser l'avenir libre, et le définitif en suspens.

En parcourant, néanmoins, un peu dédaigneusement, j'en conviens, cette série de conditions banales ou saugrenues que l'on prétendait imposer au choix royal sous prétexte de le limiter, mais qui ne pouvait réellement lui ouvrir un champ plus libre en lui ménageant plus d'excuses, je fus frappé de celle qui rendait admissible à la pairie.

« Les propriétaires, les chefs de manufactures, de maisons de commerce et de banque payant 5000 francs de contributions directes, soit en raison de leurs propriétés foncières depuis six ans, soit en raison de leurs patentes personnelles depuis huit ans... »

En d'autres termes :

Quiconque possède, en France, un établissement solide, durable, ostensible, équivalant tout au moins à cent mille francs de revenu.

Voilà, me dis-je, une condition efficace, une garantie véritable; en supprimant toutes les autres, en ne conservant que celle-là, mais en y tenant la main, on aurait, en France, une vraie Chambre des pairs et j'ajoute une Chambre des pairs héréditaire en fait, si ce n'est en droit, parce que la grande fortune est, elle-même, naturellement héréditaire, et que les conditions sociales se régleraient naturellement sur le but de perpétuer la pairie, une fois acquise, dans le sein des mêmes familles et d'en ouvrir successivement les portes aux existences nouvelles.

Je me promis de laisser, à part moi, mûrir cette idée, et de voir quel parti il serait possible d'en tirer, quand nous viendrait le moment de la discussion.

Elle s'ouvrit, dans l'autre Chambre, le 30 septembre. Dans sa première phase, elle dura jusqu'au

10 octobre; ce fut plutôt une joûte, un tournoi, une vraie passe d'armes qu'un débat pour tout de bon, tant le résultat était imposé par l'ensemble des circonstances et le pitoyable état des esprits. L'hérédité eut tous les honneurs de l'éloquence. Défendue avec éclat par M. Thiers, qui fit là son début d'homme d'État et promit ce qu'il a tenu; par M. Royer-Collard, solennellement drapé dans son manteau de Jérémie; par M. Guizot, qui jamais ne s'est élevé plus haut; attaquée, en revanche, par ce fatras de lieux communs égalitaires qui, pris au pied de la lettre, auraient entraîné la royauté avec la pairie, et restreints dans les limites du bon sens maintenaient la pairie héréditaire comme la royauté, on peut affirmer que sa cause fut aussi manifestement gagnée en principe qu'inévitablement perdue en fait. La discussion réelle ne s'engagea que sur les articles, et, en particulier, sur l'amendement qui proposait de n'admettre comme candidats à la pairie que des élus désignés par les collèges électoraux. C'était rentrer indirectement et gauchement dans le système d'une pairie élective. Après deux jours de débats très vifs, l'amendement fut rejeté par une majorité de 244 voix contre 186; mais, en disparaissant à peu près, il

déteignit, par malheur, sur l'autre condition dont je viens de parler tout à l'heure, la condition de propriété.

Lorsqu'en effet on en vint là, un député plus avisé que la commission (M. de Mosbourg) fit remarquer, avec raison, que cette condition était, à l'égard des autres, sinon incompatible, du moins frustratoire, et tendait à dénaturer l'institution même qu'on voulait fonder. « Que voulons-nous? disait-il. Une pairie viagère; une pairie personnelle et fondée exclusivement sur les services des membres qui la composent. S'il suffit pour y parvenir d'un certain état de fortune, cet état de fortune tiendra lieu de services personnels et, comme il sera héréditaire, sauf partage entre les enfants, il suffira d'un simple arrangement de famille pour forcer à peu près la main au choix royal; ce sera, au premier degré, une aristocratie de richesse, qui rétablira au second l'aristocratie de naissance. »

C'était bien ainsi que je l'entendais, et c'était précisément là ce que j'y trouvais de bon.

Pour remédier à cet inconvénient prétendu, M. de Mosbourg proposa d'ajouter à la condition de propriété l'obligation d'un stage de six ans dans un corps électif (un conseil général ou une chambre de commerce); c'était rentrer par une nouvelle porte dans le système de la pairie élective. Ce fut sur cet amendement, mal compris peut-être de part et d'autre, que s'engagea la discussion entre les nôtres et l'opposition. Il fut adopté en définitive, mais il ne le fut qu'à la majorité de neuf voix (175 contre 166).

Je fis là-dessus mon plan de campagne.

Rien de plus simple, me dis-je, que de rejeter un amendement qui n'a passé qu'à neuf voix; rien de plus simple que de demander le rétablissement intégral d'un article proposé par la commission même de la Chambre des députés; rien de plus simple enfin, en le réclamant, que d'en admettre et d'en professer tout haut la portée et les conséquences, à savoir la substitution possible et *pro parte qua* d'une aristocratie de propriété à l'aristocratie de naissance, laissant la première devenir, s'il y avait lieu, la seconde; mais librement et par le simple effet du cours des choses ou des transactions sociales.

Voilà, me dis-je encore, le terrain sur lequel doit se placer la Chambre des pairs. Après avoir défendu de haut avec sagesse et dignité, au nom des principes reçus, son droit acquis à l'hérédité directe et nécessaire; après en avoir fait généreusement le sacrifice aux préjugés du moment, il lui appartiendra de revendiquer, au nom de la liberté, le droit naturel, le droit de tous à l'hérédité indirecte et volontaire, à l'hérédité, en tant qu'elle peut résulter de l'action composée du choix royal, de la propriété et des arrangements de famille. La quasi-majorité de l'autre Chambre, quitte envers ses électeurs, ne pourra manquer, en s'associant à notre vœu, de devenir une majorité complète et considérable; en résultat, la France aura, au lieu et place d'une pairie héréditaire en droit, une pairie héréditaire en fait, une pairie perpétuellement recrutée par le choix royal dans l'aristocratie propriétaire du pays, sans préjudice des services rendus et de l'illustration personnelle; qui sait si ce n'est pas là, à tout prendre, la meilleure des combinaisons?

Je me mis à l'œuvre sur-le-champ, et j'essayai de faire partager mes idées à mes amis. J'en eus tout le temps, car la loi ayant passé le 18 octobre ne fut portée à la Chambre des pairs que le 22 novembre. « En résumant, dit l'*Annuaire historique*, les débats auxquels elle avait donné lieu, on trouve que, dans la discussion générale, la question de l'hérédité avait dominé toutes les autres, et que, dans la délibération des articles, tout l'intérêt s'était étendu sur le mode de création des pairs. Le gouvernement avait emporté le point capital : après l'abandon du principe héréditaire, la nomination royale, quoique restreinte par les catégories ; mais il avait perdu le paragraphe relatif à la faculté de reviser la Charte, faculté que le président du conseil avait vivement défendue. »

Que ferait, dès lors, le gouvernement? que ferait la Chambre des pairs?

Quant au gouvernement, si la Chambre des pairs tenait bon, coûte que coûte et à tout risque, pour le principe de l'hérédité, il n'avait de choix qu'entre deux partis : ou la soutenir dans sa résistance et laisser la guerre civile s'établir entre les deux Chambres, ou rentrer dans la voie de la restauration, et créer dans la Chambre des pairs une majorité factice, en faveur de l'abolition de l'hérédité.

Quant à la Chambre, elle semblait, de son côté, n'avoir de choix qu'entre deux partis, ou de se résigner simplement à subir l'abolition de l'hérédité ou de se laisser forcer la main par l'importation d'une majorité factice, sauf à chacun, s'il le jugeait convenable, à donner ensuite sa démission. C'était entre ces deux extrêmes que venait se placer ma proposition, et c'était là sa chance de succès; mais j'avais compté, d'une part, sans l'impatience du gouvernement, et, de l'autre, sans le point d'honneur bien ou mal fondé de mes très chers et très honorés collègues.

Le gouvernement était pressé d'en finir. Tiraillé en sens contraire par des devoirs également urgents, également impérieux, sommé par la Chambre des députés d'obtempérer à son vote, par la Chambre des pairs de la maintenir dans son droit, acculé ou à peu près à une sorte de coup d'État, harcelé par l'opposition qui l'y réduisait et n'avait pas honte d'en faire un grief contre lui, d'aller même jusqu'à lui contester le droit constitutionnel de créer de nouveaux pairs; s'il voyait ma proposition de bon œil, il ne me secondait pas beaucoup dans mes efforts.

Mes collègues de la pairie, pessimistes pour la plupart, en ce sens qu'il ne leur déplaisait pas de voir dans l'embarras un gouvernement qu'il n'avaient pas appelé de leur vœux, engagés pour la plupart de parole en faveur de l'hérédité, faisaient grand bruit de l'obligation de lui demeurer fidèle à tout prix, à tout risque; et, comme ma proposition, en préparant son rétablissement, débutait par en accepter l'abolition dans sa forme actuelle, ils n'en voulaient pas entendre parler. Je ne fus compris que de mes plus intimes, et parmi nos gros bonnets, je ne trouvai pour me soutenir que notre président, M. Pasquier, et notre grand référendaire, M. Decazes. M. Pasquier nous exhorta tous deux à entrer dans la commission et à y travailler de notre mieux, ce que nous fîmes, et la commission prise en soi était fort bien composée; mais avant qu'elle se réunît, le coup fatal était frappé; le gouvernement avait élevé à la pairie, si tant est que le mot élevé soit, en cette occasion, le mot propre, trente-six serviteurs de l'État, qui la plupart en étaient très dignes par leur mérite personnel, leurs services ou leur position sociale, mais qui, nommés manifestement dans le but de changer la majorité dans le sein de la Chambre, y entraient, il faut bien le dire, sous de tristes auspices. M. Perier avait été plus loin que lord Grey, qui s'était contenté de la menace; où la prudence de l'un avait suffi, la précipitation de l'autre gâta tout.

Dès lors, en effet, tous mes efforts devaient être vains et la Chambre devait naturellement se partager entre les purs ministériels, les purs légitimistes qui ne cherchaient qu'une occasion de faire une éclatante retraite, et les simples mécontents qui, sans aller jusque-là, n'étaient pas fâchés, en votant pour le maintien de l'hérédité, de prétendre aux honneurs de la résistance et de laisser peser exclusivement l'abolition sur les purs ministériels et sur les intrus.

Néanmoins, nous ne perdîmes courage ni M. Decazes ni moi, et nous pérorâmes tant et si bien dans le sein de la commission que nous la gagnâmes à notre thèse. Elle choisit M. Decazes pour son rapporteur et proposa purement et simplement l'adoption de la loi dans son état primitif, c'est-à-dire purgée de l'amendement Mosbourg, et posant, comme condition pure et simple de candidature à la pairie, la grande propriété sans aucune sous-condition d'élection préalable.

Jusque-là, tout allait bien; mais là se rencontrait la plus sérieuse, la plus intraitable des difficultés, l'appel aux inimitiés, aux susceptibilités, aux vanités personnelles. Dans la discussion qui se préparait, toutes les positions étaient prises, toutes les coteries sur le qui-vive, tous les engagements en évidence; tous les discours étaient annoncés, la plupart écrits d'avance, quelques-uns imprimés par extrait, et les beaux morceaux communiqués, de main en main; les journaux étaient de la partie et faisaient de leur mieux pour brouiller les cartes. Notre petit succès dans la commission ne tirait pas à conséquence. Ce qui peut se faire ou se dire entre dix ou douze personnes sensées, autour d'un tapis vert et les coudes sur la table, devient impossible en public, à la tribune, où les rétractations sont mises à nu, les compromis poussés à outrance, et les volte-face tournées en ridicule.

Je le reconnus dès le premier instant.

La discussion s'ouvrit le 22 décembre.

Je compris dès ce jour-là, c'est-à-dire dès la première séance, que notre plan modeste et discret n'aurait pas même la chance d'être écouté; qu'il ne trouverait d'appui ni de la part du gouvernement qui, cavant au pire, était surtout pressé d'en finir, ni de celle des légitimistes purs, qui, pressés eux-mêmes de déserter leur siège et de désavouer leur serment ne laisseraient pas échapper l'occasion de dénoncer l'abolition de l'hérédité comme un acte révolutionnaire et un affront impossible à supporter, ni de celle enfin des simples mécontents qui, trop heureux de tout rejeter sur le gouvernement et sur les intrus ne manqueraient pas de faire, à leurs dépens et sans tirer à conséquence, grand étalage de beaux principes.

Dès lors, mon parti fut pris. Le succès étant impossible, du moins pour le moment, mieux valait laisser notre pauvre plan tomber à petit bruit, sauf à le reprendre plus tard (ce qui se pouvait toujours, une loi nouvelle pouvant toujours modifier, et plus encore rectifier une autre loi), que de lui procurer le triste honneur d'une chute éclatante et de le confondre dans l'anathème prononcé contre le thème principal. Je me réglai là-dessus par la pensée, et me réservai, comme c'était mon habitude, d'attendre la fin ou à peu près de la discussion pour approprier à l'état des esprits le discours dont j'avais d'avance, arrêté les points principaux.

La Providence m'épargna douloureusement cette tâche; ma fille aînée, l'ange de notre maison, atteinte, depuis plusieurs jours, d'une de ces fièvres perfides dont les débuts sont équivoques et le dénouement imprévu, nous fut enlevée le 28 décembre, le jour même où fut adoptée la loi sur la pairie. Je n'assistai point aux dernières discussions.

La loi passa à la majorité de 102 voix contre 68; l'abolition pure et simple de l'hérédité à la majorité de 103 voix contre 70.

Treize pairs déposèrent leur démission, savoir :
MM. d'Arjuzon, de Beurnonville, de Duras, de Fitz-James, d'Orglande, Lecouteux de Canteleu, de Féltre, de Glandevèze, de Rougé, d'Avaray, de La Rochefoucauld, de Montesquiou, Sainte-Suzanne, Doudeauville.

Ainsi se termina, pour moi, sous de bien funestes auspices, la première année qui suivit la révolution de Juillet. Je dis pour moi, je ne dis pas pour le pays; car, pour le pays, cette année avait été, sinon paisible, tant s'en faut, du moins prospère et presque glorieuse. Le gouvernement avait à peu près atteint le double but qu'il avait annoncé dès son début :

« L'affermissement de la paix extérieure par le rétablissement de l'ordre intérieur; le rétablissement de l'ordre intérieur par l'extinction des causes et des probabilités de guerre. »

Les principales villes de la France, Strasbourg, Toulouse, Montpellier, Orange, Perpignan, d'autres encore, avaient été successivement le théâtre d'insurrections plus ou moins menaçantes; mais toutes avaient été promptement et énergiquement réprimées. Des brigandages désolaient l'Ouest, c'est-à-dire la Bretagne et la Vendée, mais sans parvenir à y établir la guerre civile; enfin, si la rébellion allumée dans la seconde ville de France (à Lyon) pour des motifs étrangers à la politique, pour des motifs purement économiques, et par les fautes de l'administration locale elle-même, avait réussi, pour un jour, à expulser cette administration de la ville, ç'avait été sans le vouloir et sans oser rompre avec le pouvoir central. Tous ces faits attestaient que l'immense majorité de la population était satisfaite; que, pour elle, le gouvernement était, en principe, hors de question et que ces désordres, ces agitations, avaient plus encore pour cause l'inaction et la souffrance qu'elle traîne à sa suite que le mécontentement des opinions opposées et la lutte des partis.

Je ne dis rien d'un certain nombre de lois successivement présentées, adoptées ou écartées vers la fin de la session, parce que je ne pris aucune part à la discussion dont elles furent l'objet. Ce n'est pas que quelques-unes ne fussent, par leur nature, d'une assez grande importance, entre autres une loi sur le commerce des grains, une autre sur la formation de la garde nationale mobile, une autre sur le recrutement et sur l'avancement dans l'armée de terre, une autre sur les pensions de l'ancienne liste civile, une enfin sur la réforme du code pénal; mais ce n'était, au fond, que des lois plus ou moins provisoires, ou que de simples rectifications à l'état actuel des choses.

Je ne dis rien non plus de deux propositions, l'une relative au bannissement de la branche aînée des Bourbons, l'autre au rétablissement du divorce, parce qu'elles ne trouvèrent leur solution définitive qu'en 1832. J'y reviendrai en temps et lieu.

Je fais la même réserve à l'égard d'une troisième proposition tendante à la suppression du deuil du 21 janvier.

VII

1832

MINISTÈRE DU 13 MARS

CONTINUATION

L'année 1831, la seconde de notre nouvelle monarchie, s'était terminée en pleine session. L'année 1832 s'ouvrit sous le feu roulant de plusieurs projets de loi fort importants et de plusieurs propositions qui ne l'étaient guère moins. Le rapport en étant déjà non seulement préparé mais déposé, tout se trouvait à point pour la discussion.

Dès le 4 janvier, on se mit à l'œuvre.

Le premier terrain du débat fut la fixation de la liste civile. Le projet proposé avait été soumis à la Chambre des députés par M. Perier le 4 octobre

1831. Il ne tarda pas à devenir occasion, tour à tour, de violence, de scandale et de ridicule.

Ce n'était pas, en effet, du fruit nouveau :

Dès le 15 décembre 1830, M. Laffitte, dans la lune de miel de sa récente présidence, avait eu dessein de pourvoir à l'établissement de la royauté nouvelle. De concert avec ses collègues d'alors, au nombre desquels figurait et faisait grande figure le patriote Dupont (de l'Eure), il avait fixé libéralement à dix-huit millions le chiffre de la liste civile, en conservant, d'ailleurs, à la couronne ce qu'on a toujours nommé sa dotation tant mobilière qu'immobilière, diamants, pierreries, tableaux, palais, châteaux, musées, monuments de luxe (Sèvres, par exemple, les Gobelins), le tout à titre d'usufruit et à charge d'entretien. Mais cela était bon pour le bon temps où l'on était ministre, où l'on se flattait de mettre pour tout de bon la main sur le roi ; mais, depuis, le vent ayant tourné, et ce qu'on nommait en ce temps-là *le progrès*, dans la personne de M. Laffitte et consorts, ayant, grâce aux saturnales du 13 février, cédé la place à ce qu'on nommait *la résistance* dans la personne de M. Perier, avec le vent, la bonne volonté avait tourné ; d'autant que, le roi s'étant prêté de bon cœur à cette révolution intérieure, il n'y avait plus lieu de compter sur lui ni intérêt à le ménager. Aussi vit-on M. Dupont (de l'Eure) attaquer hardiment (il ne tiendrait qu'à moi d'employer une autre expression) le plan de liste civile préparé l'année d'avant sous ses yeux et par ses soins; marchander d'*item* en *item* tous les articles tant mobiliers qu'immobiliers dont s'était composé jusque-là la dotation de la couronne; se récrier contre le chiffre de quatorze millions proposé par la commission de la Chambre des députés ; en substituer, de son chef, un autre de six millions, aller enfin jusqu'à contester l'allocation provisoire faite de son temps, sur le pied de la proposition Laffitte et demander qu'on contraignît la liste civile à restitution.

Je n'exagère pas, à coup sûr, en avançant que, pour un ministre de la veille, c'était pousser jusqu'au scandale l'animosité de la défaite.

Il ne réussit, néanmoins, qu'à demi dans sa généreuse campagne. Plusieurs des articles qui faisaient nombre dans la dotation de la couronne furent, il est vrai, éliminés, savoir : des terres, bois et bâtiments à Sèvres, Versailles, Saint-Germain, Fontainebleau. Le domaine même de Compiègne n'y fut maintenu qu'au scrutin secret, et à la majorité de

165 voix contre 157; mais la partie principale échappa à cette tant soit peu sordide économie. Le pire ce fut le chiffre de la liste civile proprement dite. Le roi avait insisté auprès de M. Périer pour que rien, sur ce point, ne fût proposé en son nom. Il s'en était remis à la discrétion, c'est-à-dire, il s'en flattait du moins, à la délicatesse de la Chambre des députés. Il n'en fut pas le bon marchand, si l'on peut s'exprimer ainsi. Le chiffre, porté à 25 millions sous la Restauration, réduit à 18 millions dans le projet Laffitte et compagnie, puis à 14 millions par la commission de la Chambre des députés fut définitivement fixé à 12 millions presque à l'unanimité de la Chambre, adjudication au rabais qui soulevait le cœur de dégoût.

Puis survint enfin un événement, ou pour mieux dire, un accident imprévu, mais heureux, du moins, celui-là, plus sage que son auteur, et qui rachetait un peu le guignon dont la royauté semblait poursuivie.

Voici comment et en quoi. C'était un principe de droit public, en France, un principe immémorial, qu'à l'avènement d'un prince au trône, sa fortune personnelle était dévolue à l'État, c'est-à-dire confisquée au profit du domaine. Prévoyant le cas, le roi, qui pensait à tout, y avait pourvu; avant d'accepter la couronne, il avait partagé sa fortune entre ses enfants, sauf, bien entendu, l'apanage d'Orléans qui, de plein droit, faisait retour. Dès lors, l'axiome banal, inséré *pro formâ* dans la nouvelle liste civile, se trouvait superflu et sans conséquence; mais ne voilà-t-il pas qu'un démocrate puritain, M. Eusèbe Salverte s'avisa d'y flairer un arrière-goût de féodalité, et proposa solennellement d'en purger notre législation, en laissant désormais au roi, comme aux simples citoyens (il n'aurait eu garde de dire sujets) la pleine et entière possession de sa fortune privée. Dupin prit la balle au bond et, par une de ces allocutions vigoureuses, mélange de bon sens familier et d'érudition pédantesque, où il excellait plus que personne, il assura le triomphe du droit commun sur le droit traditionnel et rendit un vrai service, sinon au roi, qui, dans le cas présent, avait pris ses précautions d'avance, mais à la royauté, et, ce dont personne ne se doutait, à la royauté constitutionnelle, à la monarchie représentative.

Rien de plus funeste, en effet, sous cette forme de gouvernement, que de placer le roi, le chef du pouvoir exécutif, dans l'alternative de tout faire pour se maintenir sur le trône, ou de tomber dans la misère. Rien, au contraire, n'est plus sage que de le placer, vis-à-vis de son peuple, dans la position où sont vis-à-vis de lui ses ministres, de lui laisser le pouvoir de mettre, au besoin, le marché à la main de ses sujets ; bien en a pris à Henri IV d'avoir été roi de Navarre, à Guillaume III d'avoir été stathouder de Hollande, au dernier roi des Belges d'avoir possédé et regretté Claremont. On peut voir dans mon livre sur le *Gouvernement de la France* le développement de cette idée qui nous tombait des nues en 1830, et que le nouvel empire a depuis recueillie d'abord, puis gaspillée comme tout le reste, au nom de ses fantaisies et de ses convoitises.

Mais à tout ceci, à tout cet étalage d'économie, de frugalité républicaine dont on faisait, en belles phrases, l'attribut d'une royauté vraiment citoyenne, la petite pièce ce fut l'élan d'indignation égalitaire qui fit explosion sur tous les bancs de la gauche, lorsque notre tout jeune ministre de l'instruction publique, M. de Montalivet, laissa échapper, dans l'innocence de son cœur, cette phrase, en vérité, toute simple :

« Il faut que le luxe qui fait la prospérité des

peuples civilisés ne soit pas banni de l'habitation royale, car il le serait bientôt de celle des sujets. »

A ce mot sujet, l'opposition tout entière se leva comme un seul homme. Les cris féodalité, contre-révolution retentirent de toutes parts ; on somma le ministre de se rétracter sans vouloir entendre ses explications; on somma le président de lui retirer la parole, et, sur son refus, clameurs, vociférations, hurlements, poings levés, couteaux de bois ou d'ivoire brandis à défaut de mieux; bref, la tempête ne fit trêve qu'au moment où M. Odilon Barrot, s'avançant d'un air paterne, proposa de protester par écrit et de faire insérer la protestation au procès-verbal. Il se mit à l'œuvre sans désemparer et composa une magnifique pièce d'éloquence. Elle fut couverte à l'instant même de 165 signatures ; mais qui fut penaud le lendemain, lorsqu'il s'agit de la mettre aux voix, ce furent les signataires.

On mit successivement sous leurs yeux :

1° Un rapport officiel adressé au roi par la défunte commission municipale, et revêtu entre autres signatures de celles de MM. Mauguin et Audry de Puyraveau, lesquels se qualifiaient en toutes lettres de très fidèles serviteurs et sujets ;

2° Un discours de M. Laffitte, président du ministère dit du progrès, lequel se déclarait, au nom de ses collègues, sujet fidèle et dévoué du roi, près de qui tous étaient restés dans l'avant-dernière crise;

3° Une lettre adressée au roi par le même M. Laffitte, réclamant sa bienveillance pour lui-même, M. Laffitte, en qualité d'un de ses plus fidèles sujets.

D'autres exemples encore allaient se produire à la file; mais, à mesure que se défilait le chapelet, les éclats de rire qui partaient de tous les bancs de la majorité ministérielle, rendant intenable la position des patients, l'ordre du jour qui les tira de peine fut, pour eux, le très bienvenu.

Ils ne s'en tinrent pas là, néanmoins. L'appétit naturel aux époques de révolution de tout abaisser et la royauté surtout, si l'on est contraint de la laisser subsister, le goût de la compromettre, de plus en plus dans les idées révolutionnaires, cet appétit pervers restait aux aguets; il cherchait sa revanche et ne tarda pas à la trouver.

Le 5 décembre précédent, sur la proposition de l'un de ses membres, M. Portalis, neveu mais peu digne neveu de son homonyme, la Chambre des députés avait très inconsidérément pris en considération l'idée d'abroger la loi du 19 janvier 1816, et plus inconsidérément encore y avait donné suite le 23 décembre.

Cette loi du 19 janvier prescrivait un deuil annuel pour toute la France, en anniversaire du 21 janvier 1793, déclarait ce jour férié pour les tribunaux et les établissements publics, annonçait enfin un monument funéraire qui devait être élevé sur les lieux mêmes du crime, ce qui, d'ailleurs, n'avait point été exécuté.

Cette loi était, à coup sûr, une œuvre de réaction, en son temps, et le mieux aurait été de la laisser tomber en désuétude, ce qui était déjà fort avancé; mais on comprend quel champ la proposition de l'abroger ouvrait aux ennemis de la royauté nouvelle, aux légitimistes, aux jacobins, combien s'y trouverait compromis le roi lui-même, mis en demeure ou de désavouer son père, ou de le justifier; dans quel embarras se trouveraient placés ses meilleurs serviteurs, cruellement partagés entre ce qu'ils lui devaient de respect et ce qu'ils se devaient à eux-mêmes.

La discussion fut, néanmoins, esquivée à la Chambre des députés, grâce à la précipitation qu'entraîne toute fin d'année (on était au 23 décembre). La proposition ne rencontrant aucun obstacle y passa presque incognito. Mais c'était pour notre Chambre que le scandale était réservé. Là, devaient se trouver sous les armes les détracteurs du fils de Philippe-Égalité, charmés d'une occasion de lui rappeler son origine en ayant l'air de la déplorer; là, devaient se trouver en masse les gens de bien et les gens de cœur qui, ne pouvant parler sans horreur du 21 janvier 1793, s'indigneraient d'avoir l'air de l'amnistier. C'était, en quelque sorte, faire coup double, pour les révolutionnaires, que d'avilir la royauté dans la personne du roi, et de signaler la Chambre des pairs comme ennemie de la Révolution. Aussi tout se préparait pour ce beau chef-d'œuvre; les journalistes aiguisaient leurs plumes; les sociétés populaires nous portaient défi, et le ministère, gêné lui-même par la position délicate du roi, ne savait trop quelle attitude prendre et quelle direction nous donner.

Adoptée, sans débat, par la Chambre des députés, la proposition nous fut transmise dès le 30 décembre, et, dès le lendemain de ce jour, elle fut déférée, par nous, à l'examen d'une commission *ad hoc*. Je ne fis point partie de cette commission, mais lié avec plusieurs de ses membres, et passant, à tort ou à raison, dans notre Chambre, pour homme de bon sens et de bonne volonté, je fus consulté sur le parti qu'il convenait de prendre. J'insistai, avant tout, pour qu'on ne se pressât point, qu'on laissât, tout au moins, passer le 21 janvier prochain et très prochain, avant de mettre en question l'abolition ou la perpétuité de ce triste anniversaire. C'eût été verser de l'huile sur le feu de la discussion que d'en faire œuvre de circonstance. Quant au fond même des choses, il ne faut pas, ajoutai-je, se faire illusion. La loi qu'il s'agit d'abroger, loi de parti, s'il en fut, a eu pour but d'infliger à la France un deuil annuel, en expiation de sa part de responsabilité dans le crime du 21 janvier 1793, et la proposition nouvelle, œuvre de parti en sens opposé, a pour but de remettre en honneur le 21 janvier, d'ériger la condamnation de Louis XVI en acte de patriotisme et de justice souveraine, en leçon pour le roi régnant, au nom de son propre père. Si vous en doutez, jetez les yeux sur les feuilles publiques et les brochures qui encombrent nos bureaux, écoutez les défis, les sommations qui nous sont adressées chaque jour et coup sur coup. Nous ne pouvons, selon moi, nous ne devons admettre ni même tolérer l'une ou l'autre thèse. Plus de deuil expiatoire, je le veux bien, la France n'a rien à expier dans le 21 janvier; le crime a été commis, non point par elle, mais contre elle; mais que ce jour, marqué depuis dix ans, dans nos annales, d'un signe néfaste, redevienne un jour comme un autre; qu'il cesse d'être signalé à la réprobation de l'histoire et à l'exécration des gens de bien. Si nous le souffrons, nous mériterons les compliments outrageants qui nous sont adressés par le soi-disant parti du progrès, nous consentirons à laisser la révolution de Juillet s'affubler des faits et gestes de 1793, et les exemples détestables de cette époque devenir pour nous des modèles à suivre et des titres à revendiquer. Je veux bien, pour moi, détourner les yeux du 21 janvier, pourvu qu'on ne m'en parle pas, et qu'on ne me le jette pas au visage; mais, s'il en faut parler, je ne puis l'appeler que par son nom et le qualifier que comme il le mérite.

La commission partageant, de tous points, mes sentiments, c'est en ce sens que fut présenté, en son nom, le rapport digne et grave qu'avait préparé M. de Tascher. La résolution de la Chambre des députés s'y trouvait réduite à des termes très simples, mais qui portaient coup par leur simplicité même.

« Le 21 janvier de chaque année, les cours et tribunaux continueront de vaquer.

» Sont et demeurent abrogées toutes les autres dispositions de la loi du 19 janvier 1816. »

Rien de plus net. C'était, en même temps, dégager la France de toute complicité dans l'attentat du 21 janvier 1793, en la dispensant d'en porter le deuil, et maintenir à ce funeste anniversaire le signe néfaste dont il était flétri.

Nous eûmes grand'peine à faire entrer la Chambre dans cet ordre d'idées. Nos légitimistes, nos quasi-légitimistes insistaient sur le maintien pur et simple de la loi qu'il s'agissait de modifier ou d'abroger. Les timides de notre bord, et, dans ce nombre, je compte à regret des hommes tels que Barbé-Marbois et Mathieu Dumas, redoutant toute discussion sur un sujet aussi délicat, préféraient en passer purement et simplement par la résolution de la Chambre des députés, ce qui, vu l'intention de son auteur et l'ensemble de circonstances, n'était rien de moins que réhabiliter le 21 janvier et lui faire amende honorable. Mais la commission tint bon, et, comme j'étais de moitié avec elle (de moitié tout au moins), je lui vins en aide.

Aussi bien je me trouvais tout porté sur le terrain; je me trouvais engagé déjà (on verra pourquoi tout à l'heure) dans une sorte de duel contre l'apologétique révolutionnaire, l'insolence de ses prétentions et la honte de son langage; je me regardais comme tenu, en point d'honneur et en délicatesse, à titre d'homme de bien et de solidaire dans une cause devenue la mienne, à ne souffrir aucun rapprochement, aucune confusion entre notre première et notre dernière révolution, entre 1793 et 1830, entre les jacobins et les doctrinaires.

J'entrai donc dans la discussion à plein cœur et le verbe haut, sans précautions, sans ambages, sans ménagements sur rien ni envers personne, sans ménagements même envers le roi, pensant avec raison, je l'espérais du moins, et je ne me trompais pas, que c'était un témoignage de respect d'en agir ainsi, de parler librement, sous son règne, du 21 janvier et de qualifier cette époque détestable comme il ferait lui-même si de hautes et poignantes convenances ne lui fermaient pas la bouche.

« Où en sommes-nous, m'écriai-je, où allons-nous et que nous veut-on?

» Dans le temps où nous vivons, sous un régime

tel que le nôtre, toutes les questions politiques ne naissent pas dans les Chambres; il leur en vient du dehors. Tous les incidents, non plus, ne sont pas des accidents; il en est de prémédités, il en est dont le but apparent n'est pas le but réel, et qu'on nous jette à la traverse pour dérouter les esprits, entraver le cours des événements, et donner le change à l'opinion.

» Tel est celui-ci, par exemple : on nous demande, ou plutôt on nous somme d'abroger, toute autre affaire cessante, la loi du 19 janvier 1816.

» Pourquoi? pour quel motif? à quel propos? qu'a de commun cette loi tombée en décri dès son lendemain, et depuis en oubli, avec l'état actuel des esprits et le cours des événements qui nous pressent !

» Ç'a été, dit-on, en son temps, une loi de réaction : d'accord; mais pensez-vous que l'esprit de réaction n'entre pour rien aujourd'hui dans l'attaque dirigée contre elle?

» Cette loi rend en quelque sorte la France responsable du régicide commis en 1793. Mais serions-nous assez simples pour nous figurer que ceux dont l'impatience réclame, à grands cris, son abrogation, aient fort à cœur de laver la France d'un pareil soupçon? Pouvons-nous ignorer que leur but, un but, qu'en vérité, ils prennent à peine le soin de déguiser, c'est de réhabiliter le 21 janvier, d'y compromettre la nation française, de lui faire adopter, avouer le 21 janvier?

» Il faut, dit-on encore, calmer les passions, prévenir les occasions de désordre. J'en suis d'avis autant que personne; mais pour croire que ce soit un esprit de mansuétude et de charité qui gronde à nos portes depuis deux mois, que ce soit par un pur amour pour la tranquillité, pour la concorde et la réconciliation des partis que la Chambre des pairs est, depuis deux mois, gourmandée, harcelée, calomniée, mise au défi de se prononcer sur la question qu'on lui pose, il faudrait plus de bonhomie que je n'en ai, il faudrait vouloir, à toute force, détourner les yeux de la lumière, fermer ses oreilles aux clameurs qui nous assiègent de toutes parts; il faudrait ne rien écouter de ce qui se dit, ne rien lire de ce qui s'imprime et s'affiche, il faudrait se payer complaisamment de prétextes qui ne nous sont pas même offerts.

» Ce qu'exige de nous la raison, la justice, l'intérêt public, le maintien du gouvernement dont nous faisons partie et qui a reçu nos serments, il faut le faire; il faut le faire sur-le-champ, sans hésiter, avec décision et fermeté.

» Mais, lorsque cet esprit de dévergondage qui est la honte de notre pays, lorsqu'un goût dépravé pour les turpitudes révolutionnaires, lorsque je ne sais quel fanatisme à froid, qui n'a pas même l'excuse de l'entraînement, se revêt d'un faux semblant de patriotisme; lorsque, sous ce déguisement d'emprunt, il vient à nous l'injure et la menace à la bouche; lorsqu'il prétend nous dicter des lois, nous remorquer à sa suite, nous imposer ses volontés et son langage, il faut savoir le regarder en face; il faut savoir l'appeler par son nom; il faut ne lui rien passer dès à présent, si l'on prétend un jour lui refuser quelque chose.

» Qu'exige ici, puisqu'on le veut de nous, à toute force et toute affaire cessante, l'honneur de notre pays, l'honneur de la révolution de Juillet, fille de la Révolution de 1789, mais non d'aucune autre? Qu'exige l'honneur des principes pour lesquels la France a combattu depuis quarante ans, pour lesquels mon père, mon propre père a versé son sang sur les champs de bataille de la liberté dans les deux mondes, et sur l'échafaud de la Terreur?

» La France, dit-on, a reçu un outrage; il lui faut

réparation : on l'a placée sous le poids d'une imputation odieuse; il faut que cette imputation soit rétractée !

» Soit ; c'est un sentiment légitime, votre commission vous propose d'y avoir égard.

» Qu'exige le bien de la paix ? qu'exige cet esprit de sagesse et de modération qui doit présider à tout gouvernement régulier, cet esprit de conciliation qui termine les révolutions, et qui doit être le bon génie de la nôtre ?

» Que le gouvernement actuel ne reçoive pas en héritage de celui qui l'a précédé une obligation devant laquelle ce gouvernement lui-même a reculé, l'obligation d'élever sur la place même du crime un monument expiatoire, un monument à la mémoire de ce prince auguste et infortuné, à la mémoire des royales victimes qui l'ont suivi de près sur l'échafaud.

» Soit encore ; cette obligation malencontreuse et qui n'a jamais jusqu'ici figuré qu'au *Bulletin des lois*, votre commission vous propose de l'en rayer désormais.

» Qu'exige enfin l'ordre public proprement dit, l'ordre matériel, l'ordre des rues et des carrefours ?

» Qu'on ne place pas, à jour fixe, sur tous les points de la France, les partis en présence; qu'on n'excite pas les citoyens à se montrer du doigt les uns les autres, selon qu'ils résistent ou qu'ils obéissent à se vêtir d'un habit de couleur déterminée (ce qui, du reste, n'était jamais arrivé); qu'on aille même au-devant de toute chance de désordre en prévenant, par la continuité des relations privées, l'oisiveté d'un jour férié politique !

» Tout ceci votre commission vous le propose.

» Mais après avoir ainsi fait aux motifs raisonnables, aux motifs honnêtes et légitimes qui, sans doute, ont inspiré, dans l'autre Chambre, la résolution qui nous occupe, et lui ont valu le suffrage de la majorité, une part large et suffisante reste, dans la loi du 19 janvier ainsi épurée, ainsi rectifiée dans ses dispositions capitales, reste la déclaration publique, authentique, solennelle, que le 21 janvier est un jour de deuil pour la France, non de ce deuil extérieur qui dégénère promptement en simagrées puériles, mais de ce deuil moral qui réside au fond des cœurs, un de ces jours que les anciens appelaient néfastes, un jour de recueillement et de méditations fécondes en enseignements douloureux; reste l'obligation imposée aux organes de la justice, de la justice indignement outragée, odieusement profanée, horriblement parodiée, il y a quarante ans, de voiler leur face, à pareil jour, et de fermer leur sanctuaire.

» Dispositions corrélatives, la première étant le motif de la seconde; la seconde étant le signe et le sanction de la première.

» Ces dispositions, qui demeurent dans la loi du 16 janvier, après les retranchements successifs que votre commission lui a fait subir, nous faut-il aussi les effacer?

» Qui nous demande un tel sacrifice?

» Et quand je dis : qui nous le demande? je ne dis pas quel homme ou quels hommes ; je dis quel est l'ordre d'idées, l'ordre d'intérêts ou de principes qui l'exige de nous ?

» Est-ce l'honneur national qui nous demande de déclarer que le 21 janvier est un jour comme un autre, un jour que rien ne distingue de la série des jours ordinaires, que rien ne recommande au souvenir de la génération qui s'élève à celui des générations qui leur succéderont ?

» Est-ce l'honneur national qui nous demande de

déclarer que le procès de Louis XVI est un procès comme un autre ; l'une de ces causes, soi-disant célèbres, qui amusent, huit jours durant, la curiosité des oisifs, et qui s'envelissent ensuite dans les in-folios des jurisconsultes !

» Je ne sais, messieurs, mais tout ce que j'ai de sang français dans le cœur se soulève à cette pensée. Plus j'y réfléchis, d'ailleurs, plus je demeure convaincu que ce sacrifice, si nous le faisons, nous ne le ferons ni à l'honneur national, ni au repos public, ni à l'intérêt de notre gouvernement ; nous le ferons à une influence extra-parlementaire qui s'efforce mais qui s'efforcera inutilement, je l'espère, de s'imposer aux pouvoirs publics. Nous le ferons à un ordre d'idées et de principes contraire à l'honneur national, contraire au repos public, contraire à l'intérêt du gouvernement ; nous le ferons à un parti, à une faction étrangère à la révolution de Juillet, ennemie de la révolution de Juillet.

» Je dis étrangère à la révolution de Juillet. Car cette révolution, il ne la veut pas telle que la France l'a faite : il travaille à la dénaturer, à la pousser hors de ses voies ; il s'indigne de la trouver légale autant que légitime : il la veut toute de subversion et de bouleversement; il s'indigne de la trouver honnête, désintéressée : il veut la rendre cynique, spoliatrice; il s'indigne de la trouver humaine, généreuse : il veut la rendre persécutrice et violente; il s'indigne de la trouver pure : il s'ingénie pour la ternir et la souiller.

» Je dis ennemi de la révolution de Juillet. Car qu'est-ce qui a fait la force de cette révolution? qu'est-ce qui a fait sa force au dehors et sa puissance au dedans? C'est l'unanimité d'admiration qu'elle a inspirée de toutes parts, quelle que pût être la diversité des situations, des sentiments, des principes, des affections, des espérances ou des regrets; c'est son caractère moral; c'est qu'en excitant l'enthousiasme de ses amis, elle a imposé à ses adversaires la résignation; c'est qu'elle leur est apparue non comme un coup du sort, mais comme un arrêt de la Providence; non comme le triomphe d'un parti, mais comme un arrêt de la justice éternelle. Ceux-là donc sont ses véritables ennemis qui s'efforcent de lui enlever ce caractère, qui veulent la rendre exclusive, qui travaillent inutilement, je l'espère, à en détacher les âmes honnêtes, à diviser, à décimer, à éparpiller ses défenseurs.

» J'ai le droit d'en parler ainsi.

» J'en ai le droit ; non que je prétende, par une fatuité ridicule, avoir rien fait dans la révolution de Juillet. C'est sa gloire de n'avoir été l'œuvre d'aucun complot, c'est sa gloire de n'avoir été que l'explosion d'une honnête et juste indignation ; ceux-là seuls peuvent se vanter de l'avoir faite qui ont pris un fusil et combattu dans la rue.

» Mais si je n'ai rien fait pour la révolution de Juillet, j'y ai pris parti aussitôt et aussi nettement que qui que soit ; j'ai assisté le 27 et le 28, seul de cette Chambre alors dispersée, aux premières réunions des représentants du pays ; le 29, j'ai été nommé ministre par la commission qui siégeait à l'hôtel de ville ; le 30, j'ai été appelé, moi sixième, par le roi, alors duc d'Orléans, au moment de son arrivée à Paris. Depuis ce moment jusqu'au 9 août, j'ai pris part à toutes les délibérations qui ont eu lieu, tandis que Charles X était encore à Saint-Cloud, à Versailles et à Rambouillet ; j'ai concouru à l'acte de déchéance, et j'ai fait partie du premier ministère qui s'est formé autour de la royauté nouvelle.

» Je ne rappelle point ces faits pour en tirer vanité ni profit sous le régime actuel pas plus que sous le régime précédent ; je ne veux rien, je ne demande au roi des Français, que je respecte comme je le dois, qui m'a de tout temps honoré de ses bontés, et dont j'espère vivre et mourir le sujet fidèle, je ne demande à son gouvernement, ni ministère, ni place, ni pension, ni traitement, ni quoique ce soit en ce monde ; je ne lui demande que ce qu'il veut comme moi, l'honneur et le bonheur de mon pays ; je ne demande au parti vainqueur ni éloges, ni popularité, ni même justice ; je ne suis pas assez fou pour cela. Il m'est profondément indifférent d'être appelé fauteur de la quasi-légitimité, ou de la légitimité tout entière, ou même carliste si l'on veut, par les mêmes motifs qui me faisaient désigner sous le nom de jacobin en 1815, et souvent par les mêmes personnes ; je sais ce que valent les partis et leurs injures ; mais je rappelle ces faits pour établir aux yeux des hommes doués de quelque bon sens et de quelque bonne foi, que la cause de la révolution de Juillet, c'est ma cause, que j'ai le droit de le dire aussi haut que personne. Et c'est précisément parce que cette cause est la mienne, que j'ai le droit de la défendre ; c'est parce que ma vie est engagée à son succès que j'ai le droit de combattre la seule chose qui puisse désormais mettre cette cause en péril, l'entreprise de dénaturer notre révolution de Juillet, de la rendre solidaire d'un passé avec lequel elle n'a ni liens ni rapports, de faire, en un mot, qu'elle cesse d'être la révolution des lois et des gens de bien, et qu'elle devienne une révolution révolutionnaire.

» Encore un mot et je finis.

» On a parlé de l'article 10 de la Charte, de cet article qui prohibe la recherche des opinions et du vote, de cet article qui commande l'oubli aux tribunaux et aux citoyens, on a dit que toute loi qui prononçait seulement le mot de « 21 janvier » était une violation implicite de cet article.

» Messieurs, cela était vrai en 1814 et 1815, cela n'est plus vrai aujourd'hui.

» En 1814 et en 1815, les juges de Louis XVI étaient insultés dans leur personne, menacés dans leur existence; ils ont fini par être proscrits. Je les ai défendus alors, et le premier discours de moi dont cette Chambre ait gardé le souvenir dans ses procès-verbaux était un discours où je plaidais leur cause, la Charte à la main. Alors, il est certain que toute loi où le nom du 21 janvier était prononcé était une loi dirigée contre eux, et destinée à les désigner à la vengeance des vainqueurs.

» Aujourd'hui les personnes dont je parle sont à

l'abri de toute inquiétude. Rien ne les menace, nul ne leur veut du mal, et celles qui ne demandent que l'oubli sont assurées de l'obtenir.

» Mais il faut s'entendre toutefois sur le mot oubli.

» Autre chose est l'oubli des personnes, l'oubli des votes, l'oubli des opinions, l'oubli des erreurs; autre, l'oubli des grands événements de l'histoire et des grandes leçons qui s'y rattachent.

» L'Évangile qui est la loi des lois et la charte du genre humain nous prescrit indulgence, tendresse même pour les êtres faibles et pécheurs; mais il nous prescrit, en même temps, l'horreur du mal en lui-même. C'est un précepte qui s'applique à la politique comme à toute chose. Pour les hommes qui ont pris part au malheureux événement qui nous occupe, paix, charité, respect même, il y en eut de très sincères; d'ailleurs, les temps étaient horribles et les esprits dans un étrange état. Qui de nous, hormis ceux qui firent alors glorieusement leurs preuves, qui de nous pourrait répondre qu'il fût sorti de l'épreuve à son honneur? Mais, quant au 21 janvier lui-même, point de concession, point de complaisance, point de sophisme, point d'oubli surtout; au temps où nous vivons, lorsque l'ouragan des révolutions plane sur la tête des peuples et des rois, il importe aux peuples, il importe aux rois de n'en pas perdre la mémoire. »

Ce discours, qu'il me soit permis de le rappeler dans les propres termes d'un recueil accrédité, fit, sur l'assemblée, une impression profonde, et ce fut sur cette impression qu'elle s'empressa de voter. Le scrutin secret ayant été réclamé, l'article 1er proposé par notre commission fut adopté par 82 voix contre 59; un second scrutin sur l'ensemble de la proposition fut plus décisif encore, 89 voix sur 155. M. Perier en pleurait de joie. « Quel bonheur, disait-il en sortant à M. Guizot! d'être en position de parler ainsi! »

Reporté à l'autre Chambre, renvoyé par elle à sa commission primitive, notre amendement y rencontra les objections dont nous n'avions pas tenu compte, mais dont le vrai motif était, sans doute, la crainte de soulever, sur un terrain mal sûr, une discussion orageuse. Bref, la commission, tout en protestant de ses bonnes intentions, reproduisit intégralement la proposition originaire.

C'était nous mettre au défi. Nous relevâmes le gant sans hésiter, et, pour couper court au différend, nous fîmes rejeter intégralement, de notre côté, la proposition telle quelle ; la loi du 19 janvier 1816 demeurant ainsi debout, accessoires et principal, jour férié, deuil annuel, monument funéraire en perspective et le reste.

C'est tout ce que gagna le parti jacobin à vouloir nous forcer la main; grande fut sa déconvenue. Mais ce fut peu; une autre l'attendait sur un terrain un peu différent, — une autre de mon fait encore, et qui le touchait plus au vif parce que le sujet en était plus actuel et plus personnel.

En racontant les tristes scènes du 13 février et la proposition qui s'ensuivit, presque coup sur coup, d'interdire désormais aux princes de la branche aînée tout accès en France et toute propriété territoriale sur le sol français, j'ai pris soin d'indiquer ce qu'il en était advenu; comme quoi, passant d'une main ennemie en des mains amies, elle y avait à peu près perdu son caractère original, et comment enfin elle était morte de mort naturelle, grâce à la clôture prématurée de la session. Mais ce n'avait été que partie remise. A l'ouverture de la session nouvelle, M. de Briqueville, ayant repris ladite proposition sur nouveaux frais, à grand renfort de violences et de menaces, le vent de la discussion, d'ailleurs, ayant moins soufflé du bon côté dans la Chambre nouvelle, ce fut à nous, Chambre des pairs, d'en faire justice, et à moi, en particulier, de lui donner le coup de grâce, ce que je fis volontiers, voire même avec empressement, en qualité de rapporteur ; mais ce qui me valut, d'un côté, la grande colère de nos légitimistes, indignés de mes efforts pour rendre admissible une mesure qu'ils trouvaient odieuse, et de l'autre, le mécontentement aigre doux de notre ministère qui craignait de se voir trop compromis par mes témérités.

Personne ne se leva pour me répondre ; ainsi justifiée, toute la série des amendements dont je me portais l'éditeur responsable, et très responsable, j'en conviens, ne rencontra plus de contradiction, et, chose étrange, chose à quoi je ne m'attendais guère, il en fut de même dans l'autre Chambre, où la proposition Baude ressuscitée avait excité des tempêtes avant de nous revenir ; cette fois, soit de guerre lasse, soit crainte de pire, l'extrême gauche se résigna, adhérant par son silence même au plus scabreux de nos amendements, même au commentaire qui l'expliquait en mettant bel et bien les points sur les i.

« Dans son état actuel, y était-il dit en propres

termes, la proposition qui nous est soumise désigne par l'épithète dédaigneuse d'*ex-Roi* le prince que la nation française a déclaré déchu du trône. Il a paru à votre commission que ce genre de locution n'était pas bon à conserver. Elle n'a pas trouvé de motifs suffisants pour déroger aux convenances reçues dans le droit public européen, lequel maintient invariablement aux princes qui ont porté la couronne, quel que soit l'événement qui les en ait privés, les titres qu'ils portaient avant cet événement. »

» Nous vivons sous un gouvernement monarchique. Il nous importe de n'abaisser en rien l'ombre même, le simple souvenir de la majesté royale; nous parlons au nom d'une nation généreuse, qui s'est honorée à ses propres yeux en respectant, jusque dans l'ivresse de la victoire, la vieillesse et le malheur, quelque mérité que le malheur pût être; nous devons tenir un langage digne d'elle; enfin, ne l'oublions pas, il nous faut obtenir la sanction d'un prince à qui les liens du sang, les affections de famille, les souvenirs d'une longue intimité doivent rendre souvent les devoirs de la royauté douloureux et délicats; il nous convien de ne les point aggraver, et d'aller même au devant des plus minutieux scrupules. »

Cela était clair apparemment, et la leçon portait coup; elle s'adressait aux amis comme à l'ennemi. Chacun en prit sa part et n'y revint pas. Notre pavillon fut désormais assuré contre la contagion du mauvais exemple, contre toute tentation de nous mettre à mal par complaisance ou par faiblesse.

Reprenons maintenant le cours des événements.

En prenant ainsi position dans le jeu des partis et la direction des affaires, je m'engageais *ultra petita*. Sans être légitimiste d'affection ni de principes, je n'avais point appelé de ma voix un nouveau gouvernement; je ne m'étais associé à celui qui se formait sous mes yeux qu'à regret, à la dernière extrémité, réduit que j'étais comme tout autre à choisir, si toutefois c'était un choix, entre un despotisme qui périssait et une anarchie où nous périssions. Je n'avais prêté à cet expédient mon nom et mon concours qu'afin d'en hâter le succès et de couper court à une crise où nos jours, voire même nos heures semblaient comptés. Là se bornait ma modeste ambition. Parvenu à ce point, le nouvel ordre de choses se trouvait désormais sur pied et en bon train; le cours des événements, en outre, m'ayant dégagé de toute solidarité officielle, la raison me conseillait, dans mon propre et légitime intérêt, une grande réserve; la prudence m'interdisait toute ingérence volontaire et personnelle, sous peine d'en courir les chances et de me voir peut-être rappelé, faute de mieux, aux embarras du pouvoir que je connaissais trop pour le regretter.

Je ne m'étais pas montré jusqu'ici, comme on l'a vu, trop docile à ces sages admonitions ; mais, rentrant enfin en moi-même, je me promis bien d'être plus sage à l'avenir, et je me rassurai, tout compte fait, en pensant que compromis, comme je l'étais, dans le parti de la résistance, et remplacé, comme je l'étais, dans ce même parti, je ne courais guère risque d'aucun côté qu'on vînt réclamer mes bons offices, et qu'en tout cas, j'avais du temps devant moi.

L'événement, par un nouveau tour de roue, ne tarda point à prouver que je me trompais, et qu'au lendemain d'une révolution, on ne se met pas en avant impunément; mais je profitai, en attendant, du répit qui me fut laissé pour faire un premier acte de résipiscence en m'abstenant de prendre parti autrement que par ma boule noire contre le rétablissement du divorce, proposition tout au moins intempestive, née dans l'autre Chambre à la voix d'un parfait homme de bien, très bon mari, mais cerveau très mal réglé, et soutenue *mordicus* par un autre homme de bien et très bon mari, le chef de notre opposition de gauche : le tout, il faut bien le dire, par pure récrimination contre le gouvernement déchu, plutôt qu'en réponse à quelque vœu public, à quelque intérêt du moment. On en eut sur-le-champ la preuve, puisque cet élan de philanthropie libérale, ou soi-disant telle, ne put, même à la faveur des circonstances, obtenir qu'à grand'peine une toute petite majorité (194 contre 171) et vint échouer dans notre Chambre incognito.

J'ai regret d'ajouter que Lanjuinais, tout bon catholique qu'il était, se crut obligé de voter pour le rétablissement du divorce, et que les auteurs de la proposition n'eurent pas de honte d'alléguer à son appui cette idée saugrenue, qu'en abolissant le divorce, la Restauration préludait à la loi du sacrilège.

On peut juger par là du désordre des esprits.

Je m'abstins également de toute intervention dans la discussion d'un autre projet qui nous tombait également des nues, comme si nous n'eussions autre chose à faire que de remettre sur le tapis des thèses *toties vexactæ* entre les juriconsultes, ou de contenter des préoccupations individuelles ; il s'agissait de révoquer incidemment la prohibition de mariage entre les beaux-frères et les belles sœurs, telle qu'elle est établie au code civil. Sans examiner le fond même de la question qui comporte du pour et du contre, ne pouvait-elle pas attendre, et ne valait-il pas mieux l'ajourner à des temps plus tranquilles, où les esprits seraient plus rassis, et les leçons de l'expérience plus en position de se faire écouter? *Quieta ne moveas!* répétait sans cesse sir Robert Walpole, et l'adage vaut surtout en révolution; j'ajoute qu'en fait de droit civil, et surtout de droit domestique, gare les remue-ménages!

Le budget de 1832, ou, pour parler plus exactement, la conversion en budget définitif des douzièmes provisoires successivement alloués en 1831 dura près de trois mois (du 31 octobre au 28 mars). La discussion fut vive, solide et sérieuse, le résultat à peu près bon ; nous l'adoptâmes sans hésiter.

Ce fut, néanmoins, durant le cours de cette discussion, qu'à la grande surprise du public et des Chambres, s'ébruita, tout à coup, cette nouvelle qu'une expédition française portant à bord des troupes de débarquement, était partie de Toulon, rentrée presque aussitôt dans ce port, puis repartie se dirigeant vers Ancône, puis même enfin avait pris possession de cette ville sans beaucoup de résistance mais de vive force. M. Perier, sans contester le fait, se réserva d'expliquer, quand il le jugerait utile et sans inconvénient, la cause, le but, les chances et les incidents de cet événement. Il ne fut pas pressé même par l'opposition, et rien ne prouve mieux l'ascendant qu'il exerçait sur les esprits ; j'y reviendrai plus tard, c'est-à-dire, hélas ! bientôt, car ses jours étaient comptés, et rien, à mon avis, ne lui fait plus d'honneur comme homme d'État que le parti qu'il prit et qu'il prit seul et de son chef dans cette occasion.

Je n'eus aucune part, chemin faisant, dans les tristes discussions que fit naître la proposition d'ériger l'église Sainte-Geneviève en Panthéon, destiné à recevoir et à consacrer les cendres de ces grands hommes qui fourmillent du soir au lendemain, en temps de troubles civils, déclamation sotte et vaine qui faillit coûter cher à la mémoire de Benjamin Constant, en l'honneur de qui on l'avait mise en avant, et que fit échouer ce qui courait sur son compte de méchants bruits, bien ou mal fondés.

Aucune discussion de quelque importance, aucune, du moins, à quoi je fusse appelé à prendre part, ne signale la fin de cette première session, qui s'arrêta, pour la Chambre des députés le 12 avril, et pour la nôtre le 21.

C'était presque ce jour-là qu'autorisée plutôt qu'encouragée par le vieux roi Charles X et par la vieille petite cour qui siégeait avec lui dans le vieux château d'Holy-Rood, madame la duchesse de Berry s'apprêtait à tenter un coup de main sur nos côtes du Midi, dans l'espérance frivole de provoquer un soulèvement dans la Bretagne et dans la Vendée. Réfugiée pendant quelque temps, faute de mieux, dans le palais du duc de Modène, le seul des princes italiens qui eût fait mine de ne pas reconnaître notre nouveau gouvernement, elle s'était embarquée sur la plage de Via-Reggio, dans le duché de Lucques, arborant son pavillon de future régente de France, sur un paquebot soi-disant nolisé pour une traversée de Barcelone à Gibraltar, petit esquif qui conservera peut-être son petit nom de *Carlo-Alberto*, dans l'histoire de notre temps, si nous-mêmes nous y conservons une toute petite place.

On sait quel accueil reçut, à sa première apparition sur nos côtes, cette voile fatidique qui portait la fortune de notre pays; comment son frêle équipage, bien assorti à cette équipée, eut à peine le temps de poser le pied sur terre (29 avril); comment une tentative de soulèvement, puérile jusqu'à la folie, fut dispersée sans coup férir (30 avril); comment enfin la princesse elle-même se trouva réduite à traverser sous mille déguisements le long intervalle qui sépare Marseille de la Vendée, où elle était attendue et annoncée par une poignée de fidèles aussi peu sensés qu'elle-même. J'en raconterai bientôt les conséquences; mais, pour le moment, je n'en ai rien su que ce qu'en a su tout le monde, et je n'en ai rien pensé que ce qu'en pensaient les meilleurs serviteurs de la défunte légitimité.

Nous étions menacés, que dis-je! nous étions atteints des plus grands périls.

Après avoir, depuis deux ans, exercé des ravages en Russie, en Pologne, en Hongrie, en Allemagne, en Angleterre, le choléra venait d'éclater en France et d'envahir, du premier coup, presque tous les quartiers de Paris. Dans la seule journée du 9 avril, il avait enlevé huit cent soixante victimes. Dès le 6, M. Perier, visitant l'Hôtel-Dieu, avec M. le duc d'Orléans, avait ressenti le première atteinte du mal ; quelques jours plus tard, son collègue M. d'Argout en était mourant ; quelques jours encore après, il en était réduit lui-même à confier son portefeuille au plus jeune de ses auxiliaires, M. de Montalivet, pour tenir en réalité le poste qu'il n'occupait plus que de nom. Sa haute intelligence, sans faiblir, menaçait plutôt de s'exalter outre mesure. C'était le triste effet de ce genre de maladie, et, chose horrible à dire, il atteignait, en quelque sorte, les masses comme les individus, l'homme effrayé comme le malade ; les classes inférieures croyaient à l'empoisonnement ; les partis l'imputaient à leurs adversaires; l'autorité elle-même n'était pas exempte de cet effroyable soupçon, et ne craignait pas de le laisser entrevoir. On ne peut expliquer autrement l'instruction adressée par le préfet de police, M. Gisquet, à ses agents inférieurs, et rendue publique le 2 avril. « L'effet de ces imprudences ne se fit pas attendre, dit le sage et honnête historien de cette époque. A défaut d'empoisonneurs on eut des assassins. Des hommes du peuple se mirent en observation dans les rues. Quiconque était porteur d'une fiole, d'un paquet, ou passait auprès d'une boutique de comestibles leur était suspect. Pour un geste, parfois pour un regard, on se ruait sur lui, on le maltraitait, on le torturait, et, quand il avait succombé, son cadavre était traîné dans le ruisseau ou déchiré par une populace en délire. La liste serait longue des victimes de ces fureurs homicides. Un honnête employé fut arrêté rue Saint-Denis et assassiné. Un médecin et un inspecteur de la salubrité, qui suivaient la rue La Fayette, furent assaillis et ne durent leur salut qu'au voisinage d'une caserne où ils se réfugièrent. Deux malheureux furent jetés dans la Seine du haut du pont d'Arcole. Un homme, poursuivi sur la place de Grève, s'étant réfugié au poste de l'hôtel de ville, fut arraché de là, éventré, et ses entrailles dévorées par les chiens. Un autre, soupçonné d'avoir jeté du poison dans le broc d'un débitant rue du Ponceau, fut transporté mourant à la mairie. D'autres meurtres non moins horribles furent exécutés dans le faubourg Saint-Antoine, sur la place de la Bastille, dans le faubourg Saint-Germain, sur le boulevard Saint-Denis et dans le quartier des Halles. C'était comme une épidémie de massacre qui, pendant quelques jours, était venue se greffer sur la peste.

» Sous l'impression de tant de malheurs, Paris

était devenu silencieux et lugubre. Le peuple, qui poétise ses grandes douleurs comme ses grandes joies, avait placé un drapeau noir entre les mains de la statue de Henri IV sur le pont Neuf. On ne voyait dans les rues que figures désolées et vêtements de deuil. Ici, un brancard portait un moribond à l'ambulance ; à côté, une voiture peinte en noir traînait lentement un amas de cercueils mal dissimulés derrière des rideaux flottants. Le matériel des pompes funèbres s'étant trouvé insuffisant il avait fallu y suppléer par des tapissières. Les bières manquaient aussi, et bon nombre de cadavres furent rendus à la terre, sans autre enveloppe qu'une pièce d'étoffe... La panique avait gagné tous les cœurs ; ceux qui n'étaient pas retenus par des nécessités de position se hâtaient de se soustraire par la fuite aux influences de l'épidémie. »

Une famille cependant, la famille royale, ne quitta point Paris au milieu de cette désertion générale.

Ce fut au moment même où finissait la session que le fléau atteignit l'apogée de sa violence. Ceux mêmes qui n'en étaient point attaqués souffraient beaucoup de la constitution médicale sous laquelle la ville était placée. Les hôpitaux regorgeaient de malades. Il y eut quelques jours où le nombre des victimes fut vraiment effrayant. Riche ou pauvre ; jeune ou vieux, personne n'était à l'abri de ses coups. Toutefois, à la terreur du premier moment avait succédé une résolution calme et courageuse ; les dévouements de tout genre redoublèrent d'activité; toutes les vertus publiques s'exercèrent à l'envi au milieu de périls mille fois plus redoutables que ceux des champs de bataille, et cet aspect d'une immense population que la mort décimait mérite d'être remarqué avec admiration.

TABLE

	Pages.
AVANT-PROPOS DE L'ÉDITEUR	I

LIVRE VII. — SEPTIÈME ÉPOQUE (*suite*)

II. — Révolution de Juillet. Réflexions	1
III. — Ministère du 11 août 1830	17
IV. — Fin de l'année 1830	125
V. — Premiers mois de 1831	176
VI. — 1831. Ministère du 13 mars	225
VII. — 1832. Ministère du 13 mars, continuation	327

BOURLOTON. — Imprimeries réunies, B, rue Mignon, 2.

www.ingramcontent.com/pod-product-compliance
Lightning Source LLC
Chambersburg PA
CBHW050535170426
43201CB00011B/1439